Der Rabe auf dem Meilenstein

Der Rabe auf dem Meilenstein

Balladen und Erzählgedichte

Herausgegeben von Sybil Gräfin Schönfeldt
Mit Bildern von Willi Glasauer

TULIPAN VERLAG

Vorwort

Erzähl mir eine Geschichte – sing mir ein Lied! Das haben die Kinder zum Groß-
vater gesagt oder zu jemand aus der Runde, die sich am Esstisch zusammenfand,
nach einer guten Mahlzeit, wenn man noch nicht gleich wieder aufstehen und an
die Arbeit gehen mochte: Sing mir ein Lied, erzähl mir was!

Ehe es Radio und Fernsehen gab, mussten die Menschen selbst für ihre Unterhal-
tung sorgen, und deshalb freuten sie sich, wenn jemand mit neuen Geschichten
und Liedern kam, die von der weiten Welt da draußen oder von unerhörten
Ereignissen berichteten.

In Italien hat man dazu getanzt, und weil Tanzen »ballare« heißt, nannte man das,
was dazu erzählt wurde, Balladen. Sie waren gereimt, denn in dieser Form bleibt
ein Text besser im Gedächtnis. Und das war wichtig. Denn wenn jemand seine
Geschichte immer wieder erzählen oder vorsingen muss, braucht er nicht jedes
Mal nach dem besten Ausdruck zu suchen. Und er kann sicher sein, dass er nichts
vergisst: In der Erzählmelodie der Reime bleiben Geschichten sicher aufgehoben.

Nach Balladen hat der französische Sonnenkönig mit seinem Hofstaat getanzt.
In England und Schottland war es Mode, von den Kriegern und Helden, die sich
gegenseitig bekämpften, und von solchen Männern wie Robin Hood so in langen
Balladen zu erzählen, dass man den ganzen Abend etwas zum Zuhören hatte.

Und als die deutschen Länder im 18. und 19. Jahrhundert davon träumten, wieder wie im Mittelalter ein Reich zu werden, liebten es die Dichter, in Balladen all die Tugenden zu preisen, die ihrer Meinung nach zu einem rechten Deutschen gehörten: die Treue und der Mut, die Aufrichtigkeit und der Gerechtigkeitssinn, aber auch die Tapferkeit in der Schlacht und der Heldenstolz. In vielen Balladen geht es um Kriege und Siege, um das Waffenklirren, und der Tapfere vergießt sein Blut fürs Vaterland. Solche Balladen wurden gern in Lesebüchern aufgenommen, mussten auswendig gelernt werden und luden die Schüler dazu ein, sie mit Witz und Spott umzudichten.

In unserer Zeit flattern Zauberer und Eintagsfliegen durch die Strophen, und kaum war sie erfunden, da ratterte die Straßenbahn durch das Erzählgedicht. Aber man singt auch immer noch die Balladen, die schon unsere Großeltern sangen: vom Röslein auf der Heide, vom Erlkönig, von der Loreley und An der Saale hellem Strande.

Mögen die neuen und alten Balladen dazu verlocken, zu lesen und auswendig zu lernen, zu tanzen und zu singen und vielleicht eigene Balladen zu dichten.

Ballade

Und die Sonne machte den weiten Ritt
Um die Welt,
Und die Sternlein sprachen: Wir reisen mit
Um die Welt;
Und die Sonne, sie schalt sie: Ihr bleibt zu Haus,
Denn ich brenn euch die goldnen Äuglein aus
Bei dem feurigen Ritt um die Welt.

Und die Sternlein gingen zum lieben Mond
In der Nacht,
Und sie sprachen: Du, der auf Wolken thront
In der Nacht,
Lass uns wandeln mit dir, denn dein milder Schein,
Er verbrennet uns nimmer die Äugelein.
Und er nahm sie, Gesellen der Nacht.

Nun willkommen, Sternlein und lieber Mond,
In der Nacht!
Ihr verstehet, was still in dem Herzen wohnt
In der Nacht.
Kommt und zündet die himmlischen Lichter an,
Dass ich lustig mitschwärmen und spielen kann
In den freundlichen Spielen der Nacht.

Ernst Moritz Arndt

KM 21

Ein Rabe saß auf einem Meilenstein
und rief Ka-em-zwei-ein, Ka-em-zwei-ein …

Der Werhund lief vorbei, im Maul ein Bein,
der Rabe rief Ka-em-zwei-ein, Ka-em-zwei-ein.

Vorüber zottelte das Zapfenschwein,
der Rabe rief und rief Ka-em-zwei-ein.

»Er ist besessen!« – kam man überein.
»Man führe ihn hinweg von diesem Stein!«

Zwei Hasen brachten ihn zum Kräuterdachs.
Sein Hirn war ganz verstört und weich wie Wachs.

Noch sterbend rief er (denn er starb dort) sein
Ka-em-zwei-ein, Ka-em-zwei-ein …

Christian Morgenstern

Niemand

Kennt ihr wohl den Unfuggeist,
Der mit Namen Niemand heißt?
Wohnt beinah in jedem Haus!
Fragt nur mal landein, landaus.
Wer hat Vaters Tisch bekleckst?
Mutters Fingerhut verhext?
Mutters Nadeln, Mutters Scheren?
Wer nahm von den Stachelbeeren?
Wer zerschnitt den neuen Ball?
Überall und überall
Ist's und war's derselbe Fant:
Niemand, Niemand, Niemand!
Niemand hat das Garn verfitzt,
Niemand hat die Wurst stibitzt,

Niemand krachte mit der Tür,
Niemand kann etwas dafür,
Dass der Garten offen steht,
Niemand trat ins Tulpenbeet,
Niemand aß vom Apfelbrei,
Niemand riss das Buch entzwei,
Niemand warf das Glas vom Tisch!
Wenn ich ihn einmal erwisch!
Such und hasch ihn alle Tage.
Wenn ich Kinder nach ihm frage,
Kommen sie in große Not,
Werden feuer-, feuerrot.
Doch es nennt ihn mir im Land
Niemand, Niemand, Niemand.

Frida Schanz

Petermännchen

Peter hat nicht gerne Läuse,
Peter ist ein kleiner Mann.
Peter hat viel lieber Mäuse,
weil er darauf reiten kann.

Peter saß auf einer Wiese,
Peter trug den Hut aus Filz.
Ging vorbei das Mädchen Liese,
dachte, Peter sei ein Pilz.

Peter wohnt bei Jule Zeten,
Peter wohnt im Bücherschrank.
Jule darf nie auf ihn treten,
sonst wird Peter sterbenskrank.

Peter ist nicht gern alleine.
Peter suchte eine Frau,
doch er fand nicht eine kleine,
und die großen sind zu rau.

Peter geht gern in die Schule,
Peter sitzt in Jules Ohr,
sagt der dummen, dummen Jule
alles, alles, alles vor.

Peter wollte Süßes naschen.
Peter ging ins Warenhaus,
trug in seinen Jackentaschen
sieben Körnchen Zucker raus.

Peter misst zwölf Zentimeter,
Peter wiegt ein halbes Pfund;
grüne Haare hat der Peter –
sonst ist Peter kerngesund.

Karlhans Frank

Der Kobold

Das Haus hab ich erbaut
Vom Keller bis zum Dach.
Wer hat den Kobold eingesetzt,
Der unter der Treppe wohnt?

Er trinkt von meinem Wein,
Er nagt am Schinkenbein.
Er steckt sich Zucker in den Sack,
Er schmaust von meinem Rauchtabak,
Macht allen Vorrat klein.

Wo nur die Tinte bleibt?
Des Nachts, wenn keiner wach,
Da geht er an mein Markenfach.
Weiß niemand, wem er schreibt.

Was tut er zum Vergelt?
Er geigt um Mitternacht.
Er gibt auf meine Kinder acht,
Dass keins die Treppe fällt.

Was tut er noch zum Dank?
Er putzt das Mondhorn blank.
Damit es silberrein
In meine Fenster schein.

Werner Bergengruen

Vom Büblein auf dem Eis

Gefroren hat es heuer
Noch gar kein festes Eis.
Das Büblein steht am Weiher
Und spricht so zu sich leis:
Ich will es einmal wagen,
Das Eis, es muss doch tragen,
Wer weiß?

Das Büblein stampft und hacket
Mit seinen Stiefelein,
Das Eis auf einmal knacket,
Und krach, schon bricht's hinein.
Das Büblein platscht und krabbelt
Als wie ein Krebs und zappelt
Mit Schrein.

O helft, ich muss versinken
In lauter Eis und Schnee!
O helft, ich muss ertrinken
Im tiefen, tiefen See!
Wär nicht ein Mann gekommen,
Der sich ein Herz genommen,
O weh!

Der packt es bei dem Schopfe
Und zieht es dann heraus,
Vom Fuß bis zu dem Kopfe
Wie eine Wassermaus.
Das Büblein hat getropfet,
Der Vater hat's geklopfet
Zu Haus.

Friedrich Wilhelm Güll

Die Freunde

Zwei Knaben, Fritz und Ferdinand,
Die gingen immer Hand in Hand,
Und selbst in einer Herzensfrage
Trat ihre Einigkeit zutage.

Sie liebten beide Nachbars Käthchen,
Ein blond gelocktes, kleines Mädchen.

Einst sagte die verschmitzte Dirne:
Wer holt mir eine Sommerbirne,
Recht saftig, aber nicht zu klein?
Hernach soll er der Beste sein.

Der Fritz nahm seinen Freund beiseit'
Und sprach: Das machen wir zu zweit;
Da drüben wohnt der alte Schramm,
Der hat den schönsten Birnenstamm;
Du steigst hinauf und schüttelst sacht,
Ich lese auf und gebe acht.

Gesagt, getan. Sie sind am Ziel.

Schon als die erste Birne fiel,

Macht Fritz damit sich aus dem Staube,

Denn eben schlich aus dunkler Laube,

In fester Faust ein spanisch Rohr,

Der aufmerksame Schramm hervor.

Auch Ferdinand sah ihn beizeiten

Und tät am Stamm heruntergleiten

In Ängstlichkeit und großer Hast.

Doch eh er unten Fuß gefasst,

Begrüßt ihn Schramm bereits mit Streichen,

Als wollt er einen Stein erweichen.

Der Ferdinand, voll Schmerz und Hitze,

Entfloh und suchte seinen Fritze.

Wie angewurzelt blieb er stehn.

Ach hätt' er es doch nie gesehn:

Die Käthe hat den Fritz geküsst,

Worauf sie eine Birne isst.

Seit dies geschah, ist Ferdinand

Mit Fritz nicht mehr so gut bekannt.

Wilhelm Busch

Das alizarinblaue Zwergenkind

Nein, was hab ich gelacht!

Da kommt doch diese Nacht

Ein kleinwinziges Zwergenkind

Aus dem Bücherspind

Hinter Kopischs Gedichten vor

Und krebselt an meinem Schreibtisch empor.

Tippelt ans Tintenfass:

Was ist denn das?

Stippt den schneckenhorndünnen Finger hinein,

Leckt: Ui, fein!

Macht halslang, guckt dumm

Noch mal in der ganzen Stube herum.

Gott sei Dank, allein!

Zwergenvater begegnet sich selbst im Mondenschein.

Mutti, um was Gescheites anzufangen,

Ist e bissel spuken gegangen.

Da knöpft es sein Wämschen ab,

Hemd runter, schwapp!

Spritzt es ins Tintenbad hinein,

Taucht, plantscht, wischt die Augen rein,

Pudelt

Und sprudelt,

Nimmt's Mäulchen voll,

Prustet ein Springbrunn hoch zwei Zoll,

Streckt's Füßchen raus, schnalzt mit den Zehn,

Taucht, um mal auf'm Kopf zu stehn.

Endlich Schluss der Badesaison!

Klettert raus, trippelt über meinen Löschkarton,

Schuppert sich, über und über pitsche patsche nass,

Brr, wie kalt war das!

Ist selig, wie es sich zugesaut,

Und kriegt eine alizarinblaue Gänsehaut.

Nun trocknet sich's auf dem Löschpapier,

Probiert dort und hier,

Was da für'n feines Muster bleibt,

Als ob einer, der schreiben kann, schreibt!

Ein Fußstapf – wie 'ne Bohne beinah!

Ein Handklitsch – alle fünf Finger da!

Nun die Nase aufgetunkt,

Lacht schrecklich: Ein richtiger Punkt,

Ein Punkt!

Wo's aber gesessen hat

Auf dem roten Blatt,

Wie's da hinguckt,

Da hat's ein Dreierbrötchen gedruckt,

Ein kleinwinziges, zweihälftiges Dreierbrot,

Blau auf Rot!

Erst lacht's. Dann schämt sich's. Und dann,

So schnell es kann,

Am Tischbein runter, durch den Mondenschein

In Schrank hinein.

Ein Weilchen noch hinter den Büchern her

Hörte ich's piepen und heulen sehr,

Hat so arg geschnieft und geschluckt,

Weil es das – Dreierbrötchen da hingedruckt!

Börries Freiherr von Münchhausen

Auf einem blauen Kinderbuch

Auf einem blauen Kinderbuch

Lag ruhig schlummernd ein Herr Kuch.

Er kam von einer Platte Kuchen,

War weggesteckt, man sollt ihn suchen.

Doch niemand hatte ihn gefunden

Und langsam rannen ihm die Stunden.

Da schlief er ein aus Langeweile,

Kuch hatte eben keine Eile.

Da kam ein Kind und sah den Kuch

Fest schlafend auf dem blauen Buch,

Das aß ihn auf mit Wohlbehagen,

Da kam der Kuchen sozusagen

Hinunter in des Kindes Magen.

Kurt Schwitters

Vom Riesen Timpetu

Pst! Ich weiß was. Hört mal zu:

War einst ein Riese Timpetu.

Der arme Bursche hat – o Graus –

im Schlafe nachts verschluckt 'ne Maus.

Er lief zum Doktor Isegrim:

Ach, Doktor! Mir geht's heute schlimm!

Ich hab im Schlaf 'ne Maus verschluckt,

die sitzt im Leib und kneipt und druckt.

Der Doktor war ein kluger Mann,

man sah's ihm an der Brille an.

Er hat ihm in den Hals geguckt.

Wie? Was? 'ne Maus habt Ihr verschluckt?

Verschluckt 'ne Mietzekatz dazu,

so lässt die Maus euch gleich in Ruh!

Alwin Freudenberg

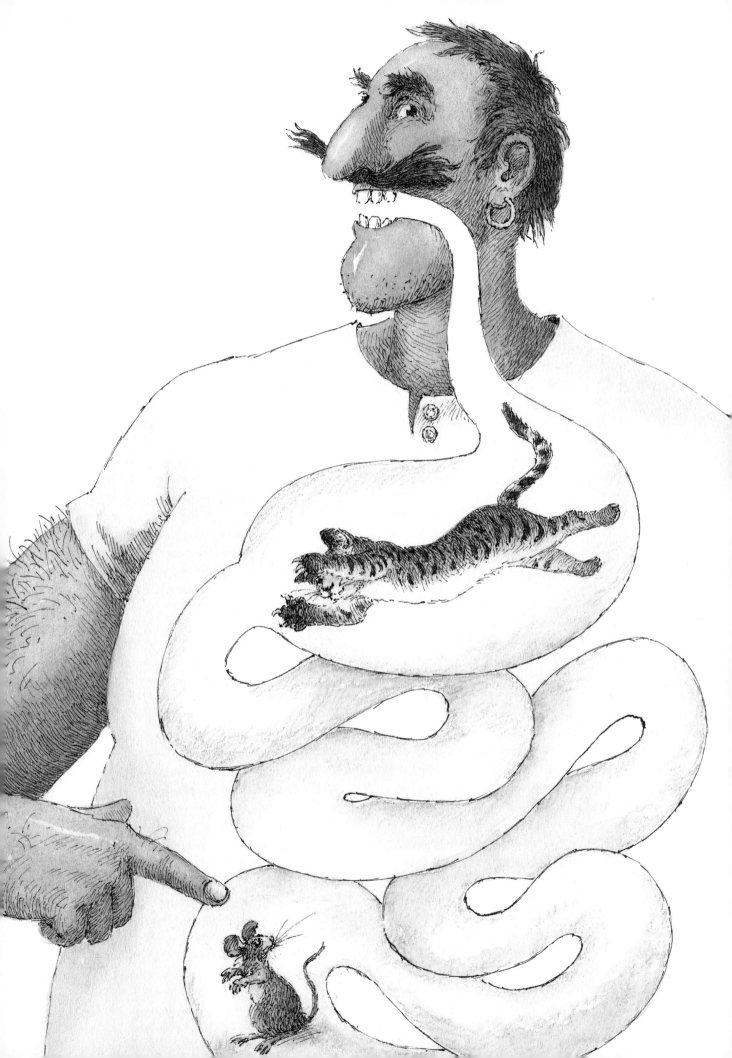

Nachricht vom Leben der Spazoren

Bei Asien gleich querfeldein,
Da leben die Spazoren.
Die haben Rüssel wie ein Schwein
Und tellergroße Ohren.

Von Tokio bis nach Athen
Gibts keine mehr wie diese.
Man sieht sie bloß spazierengehn
Auf einer gelben Wiese.

Sie haben Rosen angebaut
Wohl auf dem gelben Rasen.
Sie schnobern am Lavendelkraut
Und pflückens mit den Nasen.

Nie gibt es eine Hungersnot,
Und kein Spazor kann kochen:
Sie brauchen gar kein Abendbrot,
Wenn sie sich satt gerochen.

Kommt dort einmal ein Regen vor,
Vielleicht auf einer Kirmes,
Dann heben sie das linke Ohr
Statt eines Regenschirmes.

Und kommt ein harter Winter mal,
Und friert das Eis und prickelt,
Dann gehn sie, statt in einen Schal,
Ins rechte Ohr gewickelt.

So brauchen sie zu darben nicht
Und brauchen nicht zu frieren
Und gehen ledig jeder Pflicht
Spazoren, nein: spazieren.

Einst kam ein Doktor hochgelahrt
Zum Lande der Spazoren.
Sie wünschten ihm vergnügte Fahrt
Und winkten mit den Ohren.

Peter Hacks

Das Königreich von Nirgendwo

Das Königreich von Nirgendwo
Liegt tief am Meeresgrund.
Dort wohnt der König Soundso
Mit Niemand, seinem Hund.

Die Königin heißt Keinesfalls.
Sie ist erstaunlich klein,
Hat einen langen Schwanenhals
Und sagt beständig: Nein!

Und Keiner ist der Hofmarschall.
Er schlemmt gern süße Luft
Und hat ein Haus bei Niemands Stall
Aus Kalk- und Kieselduft.

Die Köchin Olga Nimmermehr,
Die wohnt in Keiners Haus.
Sie putzt und werkelt immer sehr
Und kocht tagein, tagaus.

Am liebsten kocht sie Grabgeläut,
Mit Seufzern fein gemischt.
Das wird im Schloss zu Keinerzeit
Meist Niemand aufgetischt.

Oft macht die Katze Niemals hier
Zu Keinerzeit Tumult.
Dann sorgt sich Keiner um das Tier,
Und Niemand kriegt die Schuld.

Man schimpft ihn tüchtig aus und lässt
Ihn prügeln noch und noch.
Für Nimmermehr gibt's Hausarrest,
Und Keiner muss ins Loch.

Doch meist ist König Soundso
Sehr friedlich und human.
Drum liebt im ganzen Nirgendwo
Ihn jeder Untertan.

Ich selber ging mal seinerzeit
Zu einer Zeit im Mai
(Man tat so was zu meiner Zeit)
An Keinerzeit vorbei.

Das Meer war still. Und Keiner stand
Am Zaun, nach mir zu schaun.
Schloss Keinerzeit lag linker Hand
Und Niemand rechts am Zaun.

Das Königreich von Nirgendwo
Liegt Irgendwo am Grund.
Dort wohnt der König Soundso
Mit Niemand, seinem Hund.

James Krüss

Die Heinzelmännchen

Wie war zu Köln es doch vordem

Mit Heinzelmännchen so bequem!

Denn, war man faul … man legte sich

Hin auf die Bank und pflegte sich:

Da kamen bei Nacht,

Ehe man's gedacht,

Die Männlein und schwärmten

Und klappten und lärmten,

Und rupften

Und zupften,

Und hüpften und trabten

Und putzten und schabten …

Und eh ein Faulpelz noch erwacht …

War all sein Tagewerk … bereits gemacht!

Die Zimmerleute streckten sich

Hin auf die Spän' und reckten sich.

Indessen kam die Geisterschar

Und sah, was da zu zimmern war.

Nahm Meißel und Beil

Und die Säg' in Eil;

Sie sägten und stachen

Und hieben und brachen,

Berappten

Und kappten,

Visierten wie Falken

Und setzten die Balken …

Eh sich's der Zimmermann versah …

Klapp, stand das ganze Haus … schon fertig da!

Beim Bäckermeister war nicht Not,

Die Heinzelmännchen backten Brot.

Die faulen Burschen legten sich,

Die Heinzelmännchen regten sich –

Und ächzten daher

Mit den Säcken schwer!

Und kneteten tüchtig

Und wogen es richtig,

Und hoben

Und schoben,

Und fegten und backten

Und klopften und hackten.

Die Burschen schnarchten noch im Chor:

Da rückte schon das Brot … das neue, vor!

Beim Fleischer ging es just so zu:

Gesell und Bursche lag in Ruh.

Indessen kamen die Männlein her

Und hackten das Schwein die Kreuz und Quer.

Das ging so geschwind

Wie die Mühl' im Wind!

Die klappten mit Beilen,

Die schnitzten an Speilen,

Die spülten,

Die wühlten,

Und mengten und mischten

Und stopften und wischten.

Tat der Gesell die Augen auf …

Wapp! hing die Wurst da schon im Ausverkauf!

Beim Schenken war es so: Es trank

Der Küfer, bis er niedersank,

Am hohlen Fasse schlief er ein,

Die Männlein sorgten um den Wein,

Und schwefelten fein

Alle Fässer ein,

Und rollten und hoben

Mit Winden und Kloben,

Und schwenkten

Und senkten,

Und gossen und panschten

Und mengten und manschten.

Und eh der Küfer noch erwacht,

War schon der Wein geschönt und fein gemacht!

Einst hatt' ein Schneider große Pein:

Der Staatsrock sollte fertig sein;

Warf hin das Zeug und legte sich

Hin auf das Ohr und pflegte sich.

Da schlüpften sie frisch

In den Schneidertisch;

Da schnitten und rückten

Und nähten und stickten,

Und fassten

Und passten,

Und strichen und guckten

Und zupften und ruckten …

Und eh mein Schneiderlein erwacht:

War Bürgermeisters Rock … bereits gemacht!

Neugierig war des Schneiders Weib

Und macht sich diesen Zeitvertreib:

Streut Erbsen hin die andre Nacht,

Die Heinzelmännchen kommen sacht:

Eins fähret nun aus,

Schlägt hin im Haus,

Die gleiten von Stufen

Und plumpen in Kufen,

Die fallen

Mit Schallen,

Die lärmen und schreien

Und vermaledeien!

Sie springt hinunter auf den Schall

Mit Licht: husch husch husch husch! – verschwinden all!

O weh! nun sind sie alle fort,

Und keines ist mehr hier am Ort!

Man kann nicht mehr wie sonsten ruhn,

Man muss nun alles selber tun!

Ein jeder muss fein

Selbst fleißig sein,

Und kratzen und schaben

Und rennen und traben

Und schniegeln

Und biegeln,

Und klopfen und hacken

Und kochen und backen.

Ach, dass es noch wie damals wär!

Doch kommt die schöne Zeit nicht wieder her!

August Kopisch

Die Melanie

Die Melanie, die Melanie
ist übers Meer gefahren.
Sie wohnt im Lirum-Larum-Land
seit vielen, vielen Jahren.

Sie sitzt auf einem Schachtelhalm
und windelt ihre Puppe
und füttert sie mit Apfelbrei
und mit Tomatensuppe.

Ihr Haus, das ist aus Marzipan,
das Dach aus Streuselkuchen.
Wenn meine Kinder artig sind,
fahr'n wir sie mal besuchen.

Wir packen unsre Hemden ein
in Säcke und in Kasten.
Im Hafen liegt für uns bereit
ein Schiff mit roten Masten.

Das Schiff ist weiß, das Meer ist blau,
wir essen Palatschinken
und sehen bald die Melanie
am Ufer stehn und winken.

Wir steigen aus und gehen zu ihr
und geben ihr die Hand.
Willkommen, sagt die Melanie,
im Lirum-Larum-Land.

Herbert Schmidt-Kaspar

Der Zauberer Korinthe

Es lebte einst der Zauberer
Kori, Kora, Korinthe.
Der saß in einem Tintenfass
Und zauberte mit Tinte.

Wenn jemand damit Briefe schrieb
Und schmi und schma und schmollte,
Dann schrieb er etwas anderes,
Als was er schreiben wollte.

Einst schrieb der Kaufmann Steenebarg
Aus Bri, aus Bra, aus Bremen
An seinen Sohn in Dänemark:
»Du solltest dich was schämen!«

Doch als der Brief geschrieben war
Mit Schwi, mit Schwa, mit Schwunge,
Da stand im Brief: »Mein lieber Sohn,
Du bist ein guter Junge!«

Da schmunzelte der Zauberer
Kori, Kora, Korinthe
Und schwamm durchs ganze Tintenfass
Und trank ein bisschen Tinte.

Ein andermal schrieb Archibald,
Der Di, der Da, der Dichter:
»Die Rosen haben hierzuland
So zärtliche Gesichter.«

Er hat von Ros' und Lilienhaar
Geschri, geschra, geschrieben.
Doch als das Liedchen fertig war,
Da sprach er nur von Rüben.

Da schmunzelte der Zauberer
Kori, Kora, Korinthe
Und schwamm durchs ganze Tintenfass
Und trank ein bisschen Tinte.

Einst schrieb der Kaiser Fortunat
Mit Si mit Sa, mit Siegel:
»Der Kerl, der mich verspottet hat,
Kommt hinter Schloss und Riegel!«

Doch hinterher, da stand im Brief,
Vergni, vergna, vergnüglich:
»Der Kerl, der mich verspottet hat,
Der dichtet ganz vorzüglich!«

Da schmunzelte der Zauberer
Kori, Kora, Korinthe
Und schwamm durchs ganze Tintenfass
Und trank ein bisschen Tinte.

Und wenn ihr dies nicht glauben wullt
Vom Schri, vom Schra, vom Schreiben,
Dann seid ihr schließlich selber schuld
Und lasst es eben bleiben.

James Krüss

Fauler Zauber

Der Zauberkünstler Mamelock

hebt seinen goldnen Zauberstock.

»Ich brauche«, spricht er dumpf, »zwei Knaben,

die ziemlich viel Courage haben.«

Da steigen aus dem Publikum

schnell Fritz und Franz aufs Podium.

Er hüllt sie in ein schwarzes Tuch

und liest aus seinem Zauberbuch.

Er schwingt den Stock ein paar Sekunden.

Er hebt das Tuch – sie sind verschwunden!

Des Publikums Verblüffung wächst.

Wo hat er sie nur hingehext?

Sie sind nicht fort, wie mancher denkt.

Er hat die beiden bloß – versenkt!

Fritz sagt zu Franz: »Siehst du die Leiter?«

Sie klettern abwärts und gehn weiter.

Der Zauberkünstler lässt sich Zeit,

nimmt dann sein Tuch und wirft es breit.

Er schwingt sein Zepter auf und nieder –

doch kommen Fritz und Franz nicht wieder!

Der Zaubrer fällt vor Schrecken um.

Ganz ähnlich geht's dem Publikum.

Nur Fritz und Franz sind voller Freude.

Sie schleichen sich aus dem Gebäude.

Und Mamelock sucht sie noch heute.

Erich Kästner

Die Geschichte vom fliegenden Robert

Wenn der Regen niederbraust,

Wenn der Sturm das Feld durchsaust,

Bleiben Mädchen oder Buben

Hübsch daheim in ihren Stuben.

Robert aber dachte: Nein!

Das muss draußen herrlich sein!

Und im Felde patschet er

Mit dem Regenschirm umher.

Hui, wie pfeift der Sturm und keucht,

Dass der Baum sich niederbeugt!

Seht! Den Schirm erfasst der Wind,

Und der Robert fliegt geschwind

Durch die Luft so hoch, so weit.

Niemand hört ihn, wenn er schreit.

An die Wolken stößt er schon,

Und der Hut fliegt auch davon.

Schirm und Robert fliegen dort

Durch die Wolken immerfort.

Und der Hut fliegt weit voran,

Stößt zuletzt am Himmel an.

Wo der Wind sie hingetragen,

Ja, das weiß kein Mensch zu sagen.

Heinrich Hoffmann

Das Gnomenwirtshaus

Tief im Wald, in einer Wildnis
Moosbewachsner Felsenblöcke
Liegt versteckt und nur erreichbar
Auf geheim verborgnen Pfaden
Kühl im Grund ein Gnomenwirtshaus.
Knusperknäuschen heißt der Gastwirt:
Wohl versteht im ganzen Lande
Keiner solches Bier zu brauen
Aus geheimen Waldeskräutern,
Klar wie Gold und sanft wie Baumöl.
Britzebrodel heißt der Mundkoch,
Der da in der Felsenhöhle
Bei des Feuers Flackerscheine
Kocht die köstlichen Gerichte.
Wohlbekannt ist dieses Wirtshaus,
Und des Abends, wenn die Sonne
Sinkt im Westen in die Wipfel,
Kommen rings von allen Seiten
Muntre Gäste hergezogen:
Hackebock, der große Jäger,
Der den Wirt versorgt mit Wildbret,
Kleine Vögel bringt er, Meisen,
Die er listig fing in Sprenkeln,

Und er schleppt manch fette Waldmaus,
Oder oftmals kleine junge
Ringelnattern, welche köstlich
Schmecken, eingekocht in Sauer.
Goldmund kommt, der große Sänger.
Simserich, der Harfenspieler,
Durst'ge Musikantenseelen,
Trippelfix, der flinke Tänzer,
Knickebolz, der wunderkünstlich
Dinge schnitzt aus Holz und Knochen,
Schiffchentritt, der flinke Weber,
Pinkepank, der Schmiedemeister,
Und wie sie noch alle heißen.
Und sie grüßen sich und schwatzen,
Reihn sich um die Felsentische,
Trinken aus den winz'gen Bechern
Kräuterbier in vollen Zügen
Und verzehren mit Behagen,
Was mit Kunst der Koch bereitet.
Dieser isst gebacknes Heupferd –
Köstlich schmeckt es, wenn die Beine
Sind recht knusperig gebraten –

Jener schmaust gespickte Waldmaus
Mit Kompott aus Rosenblättern,
Und ein andrer schmatzt behaglich
Sauerkleesalat mit Eidechs.

Nach dem Essen wird gesungen
Und ein wenig musizieret.
Hackebock erzählt Geschichten,
Fürchterliche Jagdgeschichten,
Die er oft schon vorgetragen,
Wie er einst das wütig wilde,
Riesenstarke, große Eichhorn
Nach verwegnem Kampf erlegt hat,
Wie er einst die meterlange
Fabelhafte Ringelnatter
Hat lebendig eingefangen.
Also sitzen sie und schwatzen,
Bis die Nacht sich rings verbreitet.

Einer nach dem andern zündet
Sein Laternchen, wandert heimwärts
Durch die wüste Felsenwildnis.
Knusperknäuschen schließt sein Wirtshaus
Und der Koch verlöscht sein Feuer.
Bald nur blinken noch hernieder
In die schweigend schwarze Wildnis
Still des Himmels goldne Sterne.

Heinrich Seidel

Das Gewitter

O Kinder, holt die Wasch vom Seil!
Auf, Kunigund, nimm auch einen Teil,
und Fritzchen, treib die Schafe ein!
Es steht ein Wetter auf am Rhein;
mein Krähenaug, was sagt ich heut?
hat wieder richtig prophezeit.

Die Schwalbe schwankt so tief und still,
weiß nicht, wohin sie fliehen will.
Es kommt so schwarz und kommt so schwer,
und an dem Himmel hängt ein Meer
voll Wetterdunst. Horch, wie es schallt,
und wie's am Blauen widerhallt!

In großen Wirbeln fliegt der Staub
zum Himmel auf mit Halm und Laub;
und seht nur jenes Wölkchen an!
Wohl möchte ich wissen, wer's so kann.
Seht, wie es auseinanderreißt,
wie unsereins die Wolke schleißt.

So helf uns und behüt uns Gott,
wie zuckt's daher so feurig rot!
Und kracht und stoßt, es schauert mir!
Die Fenster zittern und die Tür.
Und sieh das Kind im Bettchen an:
Da schläft's und nimmt sich nichts drum an.

Die Nachbarn läuten drauf und drauf
in Schliengen; dennoch hört's nicht auf.
Das fehlte noch: Wenn's donnern soll,
so läuten sie die Ohren voll.
O helf uns Gott, das war ein *Schlag*.
Dort, sieh den Baum am Gartenhag!

Noch schläft der Kleine sanft und gut
und hat beim Donnern leichten Mut;
Er denkt: ›Da trifft mich nichts davon,
und wo ich lieg, das sieht er schon.‹
Jetzt streckt er sich, jetzt dreht er sich
aufs linke Ohr. Gott schirme dich!

O sieh die weißen Streifen dort,
und in der Luft, horch, wie's rumort!
Es kommt! Gott wollt uns gnädig sein!
Hängt hurtig alle Läden ein!
Wie stand das Weizenfeld in Pracht;
nun, schöne Ernte, gute Nacht!

Es rasselt auf dem Kirchendach,
und vor dem Haus, wie rauscht der Bach!
Kein End! O, dass sich Gott erbarm!
Nun sind wir wieder alle arm!
Doch dachten wir nicht auch schon so?
Und wurden wir nicht wieder froh?

Johann Peter Hebel

Das große, kecke Zeitungsblatt

Heut wanderte durch unsre Stadt
Ein großes, keckes Zeitungsblatt.
Mir selber ist's begegnet.

Herab die Straße im Galopp
Kam es gelaufen, hopp, hopp, hopp,
von Weitem mir entgegen.

Allmählich wird es müde.
Es kroch, es schlurfte nur, es schlich nur noch.
Und legte sich still nieder.

Da lag's wie eine Flunder platt.
Dann aber tat das Zeitungsblatt
Ganz plötzlich einen Sprung.

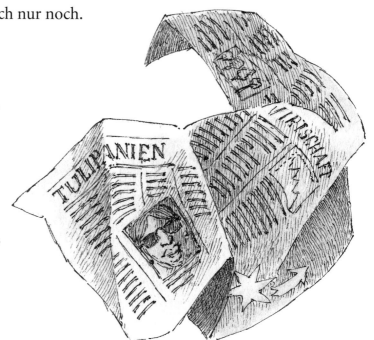

Stieg steil empor in kühnem Flug,
wobei es ein paar Saltos schlug,
und landete dann wieder.

Da saß es nun und duckte sich.
Jetzt krieg ich dich! – Doch es entwich
mit tausend Purzelbäumen.

Josef Guggenmos

Das Mondschaf

Das Mondschaf steht auf weiter Flur.
Es harrt und harrt der großen Schur.
Das Mondschaf.

Das Mondschaf rupft sich einen Halm
und geht dann heim auf seine Alm.
Das Mondschaf.

Das Mondschaf spricht zu sich im Traum:
»Ich bin des Weltalls dunkler Raum.«
Das Mondschaf.

Das Mondschaf liegt am Morgen tot.
Sein Leib ist weiß, die Sonn' ist rot.
Das Mondschaf.

Christian Morgenstern

Kalendarium

Es schneit und schneit den Jänner lang.
Dem Kind in dunkler Stube
ist vor der Stille bang.

Was raunt im Rohr? Schon Februar.
Ein Alter geht zur Kirche
in seinem weißen Haar.

Schwermütiger Regen, kommt der März.
Was kann die erste Blume
gegen das müde Herz?

Windschwanke Birken im April.
Schon weiß der Knabe zu lächeln,
wenn er weinen will.

Amsel im Flieder und wieder Mai.
Ewig – im leuchtenden Abend
stehen und schwören die Zwei.

Und waldiger Juni, wartend, schwül.
Die tausendsternigen Nächte
weisen dem Manne ein Ziel.

Ähren im Juli. Der Mohn überm Rain.
Tief horcht das Weib in die Segnung
seines Leibes hinein.

Ein Donnerschlag durch den weiten August.
Der Grübler wird sich mit Grauen
seiner Grenzen bewußt.

Septemberhimmel, ein Schwalbenzug.
Heim will der Wandrer: Die Erde
ist nicht mehr groß genug.

Die Gärten verbluten, Oktober, im Wind.
O daß der Trunkne sich endlich
auf seinen Abgrund besinnt.

Novembernebel. Ein Rabe schreit.
Der Lauschende flieht betroffen
vor seiner Einsamkeit.

Vom Himmel flockts dezemberlind:
Und Friede den Menschen auf Erden,
die guten Willens sind.

Josef Weinheber

Puppe

Schaut mich bitte einmal an,
findet ihr mich nicht gediegen?
Puppe bin ich, ungemein
interessante Augen hab' ich,
die zwar nur aus Glas bestehen,
folglich leider nicht viel taugen.
Glieder sind voll Sägemehl.
Gehen ist mir rein unmöglich,
sitzen geht schon etwas besser,
liegen kann ich ausgezeichnet.
Arbeit hab' ich nie verrichtet,
Hände sind zu ungelenkig,
Lippen bleiben mir verschlossen,
Red' ist ihnen nie entflohen,
Stimme ließ sich nie vernehmen.
Puppen schweigen wie die Fische.
Lachen, weinen kann ich nicht.
Schmerz und Freude, Haß und Liebe
überlasse ich den Menschen,
die bekanntlich nur zu hurtig
in Empfindlichkeit geraten.

Irgendwelchen Änderungen
bin ich nimmer unterworfen,
lasse mich durch nichts beirren,
bin durchaus nicht zu erschüttern,
spüre, denke, fühle nicht das
mindeste und bin apathisch
gradezu im höchsten Grade.
Puppen aus der Ruh' zu schrecken,
dürfte schwerlich je gelingen.
Ständig sieht man mich dieselbe
sonderbare Miene schneiden.
Seele hab' ich nie besessen,
Rührung liegt mir gänzlich fern,
bin an Unbeweglichkeit
sozusagen ein Phänomen,
welch ein schändliches Geständnis!
Zeichnet etwa eine Puppe
durch Lebendigkeit sich aus?
I bewahre, ich beruhe
ja ganz einfach nur auf Täuschung.
Kinder wissen mich zu schätzen;
ihnen bin in jeder Hinsicht
ich als Spielzeug hochwillkommen,
können sich mit mir beschäft'gen,
weil sie Phantasie besitzen.

Die Erwachsenen dagegen
fühlen sich auf alle Fälle
mir genüber sehr erhaben.
Das hat freilich seine Gründe,
denn ich bin im allgemeinen
unbeschreiblich unbehilflich.
Eigenmächtig zu verfahren,
kommt mir gar nicht in den Sinn,
seh' mich völlig nur auf güt'ge
Unterstützung angewiesen.
Proben, daß ich ungewöhnlich
leblos, steif und trocken bin,
hab' ich oft schon abgelegt.
Kindlichen Gemütern jedoch
bin ich ganz und gar lebendig,
esse, trinke, geh' spazieren,
leg' mich schlafen wie ein Mensch
und kann reden zum Entzücken;
all dies stell'n sie sich bloß vor,
sind noch fähig, dies und jenes
mühelos sich einzubilden.
O die Kleinen sind um vieles
klüger, als die Großen meinen.
Sie sind's, die zu leben wissen.

Robert Walser

Jüngst sah ich den Wind

Jüngst sah ich den Wind,
das himmlische Kind,
als ich träumend im Walde gelegen,
und hinter ihm schritt
mit trippelndem Tritt
sein Bruder, der Sommerregen.

Weiß selbst nicht, wie's kam,
gar zu wundersam,
es regnete, tropfte und rauschte,
dass ich selber ein Kind,
wie Regen und Wind,
das Spielen der beiden belauschte.

In den Wipfeln, da ging's
nach rechts und nach links,
als wiegte der Wind sich im Bettchen;
und sein Brüderchen sang:
»Die Binke, die Bank«,
und schlüpfte von Blättchen zu Blättchen.

Dann wurde es Nacht,
und eh ich's gedacht,
waren fort, die das Märchen mir schufen.
Ihr Mütterlein
hatte sie fein
hinauf in den Himmel gerufen.

Arno Holz

Bei Goldhähnchens

Bei Goldhähnchens war ich jüngst zu Gast.

Sie wohnen im grünen Fichtenpalast,

In einem Nestchen klein,

Sehr niedlich und sehr fein.

Was hat es gegeben? Schmetterlingsei,

Mückensalat und Gnitzenbrei

Und Käferbraten famos –

Zwei Millimeter groß.

Dann sang Vater Goldhähnchen was,

So zierlich klang's wie gesponnenes Glas.

Dann wurden die Kinder besehn:

Sehr niedlich alle zehn!

Dann sagt ich: »Adieu« und »Danke sehr!«

Sie sprachen: »Bitte, wir hatten die Ehr,

Und hat uns mächtig gefreut!«

Es sind doch reizende Leut!

Heinrich Seidel

Der Schneemann auf der Straße

Der Schneemann auf der Straße
trägt einen weißen Rock,
hat eine rote Nase
und einen dicken Stock.

Er rührt sich nicht vom Flecke,
auch wenn es stürmt und schneit.
Stumm steht er an der Ecke
zur kalten Winterszeit.

Doch tropft es von den Dächern
im ersten Sonnenschein,
da fängt er an zu laufen,
und niemand holt ihn ein.

Robert Reinick

Vom verirrten Sohn

Geheißen hat der Vater den Sohn,
in die Stadt um Tabak zu gehen;
krank lag er zu Bett seit Tagen schon,
und der Sohn wollte Städte sehn.

So ist der Sohn fröhlich gegangen
durch die Tür hinaus auf den Weg,
und der Weg hat gut angefangen,
denn er kannte jeden Steg.

Mit der Zeit wurde der Weg ihm fremd,
und er kannte sich nicht mehr aus.
Das Geld klang in der Tasche im Hemd,
und er wünschte sich nach Haus.

Sehr groß schien die Welt nach jeder Seit,
und still war die Wolke hoch oben,
und sie gab dem Sohne keinen Bescheid,
wo sich die Städte erhoben.

Auch die Tannen schwiegen, die blauen,
den Weg kannten sie sicherlich nicht.
Es schwiegen die Steine, die grauen,
und schwiegen mit viel Gewicht.

Der Vater hat nicht den Weg gesagt,
der hinein in die ferne Stadt führt,
und der Sohn hat ihn danach nicht gefragt
und ist sorglos fortmarschiert.

Günter Kunert

Quappe

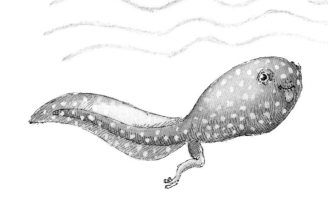

Also –

sprach die Quappe Kaul

sage keiner

ich sei faul

Kann man mich schon

um halb zehn

im Gewässer

wedeln sehn

Dann um drei

bin ich

immer noch dabei

Als ein

äußerst reges Tier

sehn Sie mich

dann gegen vier

Länger noch als

bis um sieben

ganz enorm

in Form geblieben

Also –

sprach die

Quappe Kaul

sage keiner

ich sei faul

Jürgen Spohn

Der eiskalte Riese Schroch

Zwei Leben müsste man wandern,

längs der Polarsternspur,

um Schroch den Winterriesen zu besuchen.

Dort in der tiefsten Höhle Aipotus

haust er mit einem weißen Bären,

der ihm beim Flockenmachen hilft. –

Man will's kaum glauben: Um die Zeit,

da hier die Sonne fett und heiß

die Eidechseier brütet,

sägt Schroch schon Eiskristalle aus

und sammelt sie in großen Säcken.

Noch kaum sind die Kartoffelfeuer

bei uns verraucht, wirft er den ersten

prall aufgefüllten Sack

hoch in die Luft und dreht

die Eiswindorgel an:

Dann saust's und braust's, und bald zerreißt

der Sack in tausend Fetzen –

hui! rufen alle Kinder, hui!

und fangen Flocken mit der Zunge.

Herman R. Beck

Vom schlafenden Apfel

Im Baum im grünen Bettchen,
Hoch oben sich ein Apfel wiegt,
Der hat so rote Bäckchen,
Man sieht's, dass er im Schlafe liegt.

Ein Kind steht unterm Baume,
Das schaut und schaut und ruft hinauf:
Ach, Apfel, komm herunter!
Hör endlich mit dem Schlafen auf!

Es hat ihn so gebeten,
Glaubt ihr, der wäre aufgewacht?
Er rührt sich nicht im Bette,
Sieht aus, als ob im Schlaf er lacht.

Da kommt die liebe Sonne
Am Himmel hoch daherspaziert.
Ach, Sonne, liebe Sonne,
Mach du, dass sich der Apfel rührt!

Die Sonne spricht: Warum nicht?
Und wirft ihm Strahlen ins Gesicht,
Küsst ihn dazu so freundlich;
Der Apfel aber rührt sich nicht.

Nun schau, da kommt ein Vogel
Und setzt sich auf den Baum hinauf.
Ei, Vogel du musst singen;
Gewiss, gewiss, das weckt ihn auf!

Der Vogel wetzt den Schnabel
Und singt ein Lied so wundernett
Und singt aus voller Kehle,
Der Apfel rührt sich nicht im Bett.

Und wer kam nun gegangen?
Es war der Wind, den kenn ich schon;
Der küsst nicht, und der singt nicht,
Der pfeift aus einem andern Ton.

Er stemmt in beide Seiten
Die Arme, bläst die Backen auf
Und bläst und bläst, und richtig,
Der Apfel wacht erschrocken auf.

Und springt vom Baum herunter
Grad in die Schürze von dem Kind;
Das hebt ihn auf und freut sich
Und ruft: Ich danke schön, Herr Wind!

Robert Reinick

Winternacht

Nicht ein Flügelschlag ging durch die Welt,

Still und blendend lag der weiße Schnee,

Nicht ein Wölklein hing am Sternenzelt,

Keine Welle schlug im starren See.

Aus der Tiefe stieg der Seebaum auf,

Bis sein Wipfel in dem Eis gefror;

An den Ästen klomm die Nix' herauf,

Schaute durch das grüne Eis empor.

Auf dem dünnen Glase stand ich da,

Das die schwarze Tiefe von mir schied;

Dicht ich unter meinen Füßen sah

Ihre weiße Schönheit Glied um Glied.

Mit ersticktem Jammer tastet' sie

An der harten Decke her und hin,

Ich vergess das dunkle Antlitz nie,

Immer, immer liegt es mir im Sinn!

Gottfried Keller

Das verlassene Mägdlein

Früh, wann die Hähne krähn,
Eh die Sternlein verschwinden,
Muss ich am Herde stehn,
Muss Feuer zünden.

Schön ist der Flammen Schein,
Es springen die Funken,
Ich schaue so drein,
In Leid versunken.

Plötzlich da kommt es mir,
Treuloser Knabe!
Dass ich die Nacht von dir
Geträumet habe.

Träne auf Träne dann
Stürzet hernieder,
So kommt der Tag heran –
O ging er wieder!

Eduard Mörike

Klage vom kleinen Jakob

Wo ist der kleine Jakob geblieben?

Hatte die Kühe waldein getrieben,

kam nimmer wieder,

Schwestern und Brüder

Gingen ihn suchen in 'n Wald hinaus –

Kleiner Jakob, kleiner Jakob, komm zu Haus!

Wo ist der kleine Jakob gegangen?

Hat ihn ein Unterirdscher gefangen,

Muss unten wohnen,

Trägt goldne Kronen,

Gläserne Schuh, hat ein gläsern Haus.

Kleiner Jakob, kleiner Jakob, komm zu Haus!

Was macht der kleine Jakob da unten?

Streuet als Diener das Estrich mit bunten

Blumen und schenket

Wein ein, und denket:

Wärst du wieder zum Wald hinaus!

Kleiner Jakob, kleiner Jakob, komm zu Haus!

So muss der kleine Jakob dort wohnen,

Helfen ihm nichts seine güldenen Kronen,

Schuhe und Kleider,

Weinet sich leider –

Ach! armer Jakob! – die Äuglein aus.

Kleiner Jakob, kleiner Jakob, komm zu Haus!

Ernst Moritz Arndt

Ein Lied hinterm Ofen zu singen

Der Winter ist ein rechter Mann,
Kernfest und auf die Dauer;
Sein Fleisch fühlt sich wie Eisen an
Und scheut nicht süß noch sauer.

War je ein Mann gesund, ist er's;
Er krankt und kränkelt nimmer,
Weiß nichts von Nachtschweiß und Vapeurs
Und schläft im kalten Zimmer.

Er zieht sein Hemd im Freien an
Und lässt's vorher nicht wärmen;
Und spottet über Fluss im Zahn
Und Kolik in Gedärmen.

Aus Blumen und aus Vogelsang
Weiß er sich nichts zu machen,
Hasst warmen Drang und warmen Klang
Und alle warme Sachen.

Doch wenn die Füchse bellen sehr,

Wenn's Holz im Ofen knittert,

Und um den Ofen Knecht und Herr

Die Hände reibt und zittert.

Wenn Stein und Bein vor Frost zerbricht

Und Teich' und Seen krachen,

Das klingt ihm gut, das hasst er nicht,

Dann will er tot sich lachen.

Sein Schloss von Eis liegt ganz hinaus

Beim Nordpol an dem Strande,

Doch hat er auch ein Sommerhaus

Im lieben Schweizerlande.

Da ist er denn bald dort, bald hier,

Gut Regiment zu führen;

Und wenn er durchzieht, stehen wir

Und sehn ihn an und frieren.

Matthias Claudius

Der gute Kamerad

Ich hatt' einen Kameraden,
Einen bessern findst du nit.
Die Trommel schlug zum Streite,
Er ging an meiner Seite
In gleichem Schritt und Tritt.

Eine Kugel kam geflogen:
Gilt's mir oder gilt es dir?
Ihn hat es weggerissen,
Er liegt mir vor den Füßen,
Als wär's ein Stück von mir.

Will mir die Hand noch reichen,
Derweil ich eben lad.
Kann dir die Hand nicht geben,
Bleib du im ew'gen Leben
Mein guter Kamerad!

Ludwig Uhland

Die Zelle

Allein, manchmal ein Vogel am Fenster.
Verirrter. Erschrickt und flieht.
Tag, fahles Licht, dann wieder finster.
Die Nächte, da man schlaflos liegt.

Verzweiflung, Flüche, Seufzer.
Und dann Gebete, inniglich.
Da draußen Frühling, Sommer, Winter.
Nur für die andern, nicht für dich.

Vielleicht ein wenig Himmel,
durch milchiges Glas.
An den Wänden der Schimmel,
die Farbe verblasst.

Dann etwas Sonne, schräg durch Mauern.
Am Tisch und auf der Hand.
Dann wieder Spinnen, grau und lauern
im staubigen Netz an der Wand.

Die Tür. – Der klirrende Schlüssel.
Dreimal am Tag. – Der fade Duft.
Kein Wort. Die blecherne Schüssel.
Und wieder schließt sich die Gruft.

Karl Ludwig Schneider

Der Knabe im Moor

O schaurig ist's, übers Moor zu gehn,

Wenn es wimmelt vom Heiderauche,

Sich wie Phantome die Dünste drehn

Und die Ranke häkelt am Strauche,

Unter jedem Tritte ein Quellchen springt,

Wenn aus der Spalte es zischt und singt,

O schaurig ist's, übers Moor zu gehn,

Wenn das Röhricht knistert im Hauche!

Fest hält die Fibel das zitternde Kind

Und rennt, als ob man es jage;

Hohl über der Fläche sauset der Wind –

Was raschelt da drüben im Hage?

Das ist der gespenstige Gräberknecht,

Der dem Meister die besten Torfe verzecht;

Hu, hu, es bricht wie ein irres Rind!

Hinducket das Knäblein zage.

Vom Ufer starret Gestumpf hervor,

Unheimlich nicket die Föhre,

Der Knabe rennt, gespannt das Ohr,

Durch Riesenhalme wie Speere;

Und wie es rieselt und knittert darin!

Das ist die unselige Spinnerin,

Das ist die gebannte Spinnlenor',

Die den Haspel dreht im Geröhre!

Voran, voran, nur immer im Lauf,

Voran, als woll' es ihn holen;

Vor seinem Fuße brodelt es auf,

Es pfeift ihm unter den Sohlen

Wie eine gespenstige Melodei;

Das ist der Geigenmann ungetreu,

Das ist der diebische Fiedler Knauf,

Der den Hochzeitheller gestohlen!

Da birst das Moor, ein Seufzer geht

Hervor aus der klaffenden Höhle;

Weh, weh, da ruft die verdammte Margret:

»Ho, ho, meine arme Seele!«

Der Knabe springt wie ein wundes Reh,

Wär nicht Schutzengel in seiner Näh',

Seine bleichenden Knöchelchen fände spät

Ein Gräber im Moorgeschwele.

Da mählich gründet der Boden sich,

Und drüben, neben der Weide,

Die Lampe flimmert so heimatlich,

Der Knabe steht an der Scheide.

Tief atmet er auf, zum Moor zurück

Noch immer wirft er den scheuen Blick:

Ja, im Geröhre war's fürchterlich,

O schaurig war's in der Heide!

Annette von Droste-Hülshoff

Der Gaul

Es läutet beim Professor Stein.

Die Köchin rupft die Hühner.

Die Minna geht: Wer kann das sein? –

Ein Gaul steht vor der Türe.

Die Minna wirft die Türe zu.

Die Köchin kommt: Was gibt's denn?

Das Fräulein kommt im Morgenschuh.

Es kommt die ganze Familie.

»Ich bin, verzeihn Sie«, spricht der Gaul,

»der Gaul vom Tischler Bartels.

Ich brachte Ihnen dazumaul

die Tür- und Fensterrahmen!«

Die vierzehn Leute samt dem Mops,

sie stehn, als ob sie träumten.

Das kleinste Kind tut einen Hops,

die andern stehn wie Bäume.

Der Gaul, da keiner ihn versteht,

schnalzt bloß mal mit der Zunge,

dann kehrt er still sich ab und geht

die Treppe wieder hinunter.

Die dreizehn schaun auf ihren Herrn,

ob er nicht sprechen möchte.

»Das war«, spricht der Professor Stein,

»ein unerhörtes Erlebnis! …«

Christian Morgenstern

Das Erkennen

Ein Wanderbursch, mit dem Stab in der Hand,
Kommt wieder heim aus dem fremden Land.

Sein Haar ist bestäubt, sein Antlitz verbrannt,
Von wem wird der Bursch wohl zuerst erkannt?

So tritt er ins Städtchen durchs alte Tor,
Am Schlagbaum lehnt just der Zöllner davor.

Der Zöllner, der war ihm ein lieber Freund,
Oft hatte der Becher die beiden vereint.

Doch sieh – Freund Zollmann kennt ihn nicht,
Zu sehr hat die Sonn' ihm verbrannt das Gesicht;

Und weiter wandert nach kurzem Gruß
Der Bursche und schüttelt den Staub vom Fuß.

Da schaut aus dem Fenster sein Schätzel fromm,
»Du blühende Jungfrau, viel schönen Willkomm!«

Doch sieh – auch das Mägdlein erkennt ihn nicht,
Die Sonn' hat zu sehr ihm verbrannt das Gesicht.

Und weiter geht er die Straß' entlang,
Ein Tränlein hängt ihm an der braunen Wang'.

Da wankt von dem Kirchsteig sein Mütterchen her,
»Gott grüß Euch!« – so spricht er und sonst nichts mehr.

Doch sieh – das Mütterchen schluchzet vor Lust;
»Mein Sohn!« – und sinkt an des Burschen Brust.

Wie sehr auch die Sonne sein Antlitz verbrannt,
Das Mutteraug' hat ihn doch gleich erkannt.

Johann Nepomuk Vogl

Der Rabe

Was ist das für ein Bettelmann?

Er hat ein kohlschwarz Röcklein an

Und läuft in dieser Winterzeit

Vor alle Türen weit und breit,

Ruft mit betrübtem Ton: »Rab! Rab!

Gebt mir doch auch einen Knochen ab.«

Da kam der liebe Frühling an,

Gar wohl gefiel's dem Bettelmann;

Er breitete seine Flügel aus

Und flog dahin weit übers Haus;

Hoch aus der Luft so frisch und munter:

»Hab Dank! hab Dank!«, rief er herunter.

Wilhelm Hey

Ein Elefant marschiert durchs Land

Ein Elefant marschiert durchs Land

Und trampelt durch die Saaten.

Er ist von Laub und Wiesenheu

So groß und kühn geraten.

Es brechen Baum und Gartenzaun

Vor seinem festen Tritte.

Heut kam er durch das Tulpenfeld

Zu mir mit einer Bitte.

Er trug ein weißes Kreidestück

In seinem langen Rüssel

Und schrieb damit ans Scheunentor:

Sie, geht es hier nach Brüssel?

Ich gab ihm einen Apfel

Und zeigte ihm die Autobahn.

Da kann er sich nicht irren

Und richtet wenig an.

Josef Guggenmos

Ladislaus und Komkarlinchen

Es war einmal ein Landsknecht,
Der hatte eine Maus,
Die Maus hieß Komkarlinchen,
Der Landsknecht Ladislaus.

Der Landsknecht liebt das Kämpfen,
Die Beute und die Ehr,
Aber sein Komkarlinchen,
Das liebt er noch viel mehr.

Sie aß von seinem Brote,
Sie schlief in seinem Bart,
Sie wohnt in seiner Tasche
Auf weiter Kriegesfahrt.

Nur wenn in eine Schlacht ging
Der Landsknecht mit der Maus,
Sprang sie ihm aus dem Rock und
Nahm wie der Wind Reißaus.

Da wurd er sehr bekümmert
Und lief ihr hinterher
Die Kreuz und auch die Quere
Durchs ganze römische Heer.

Und weil sie lief nach hinten
Und niemals lief nach vorn,
Ging ohne ihn die Schlacht halt
Gewonnen und verlorn.

Der Krieg wurd immer älter,
Der Krieg wurd dreißig Jahr,
Älter als mancher Landsknecht
Alt geworden war.

Und die das Kämpfen liebten,
Die Beute und die Ehr,
Die lagen schon begraben
In Sachsen und am Meer.

Jedoch aus allen Wettern
Kam heilen Leibs heraus
Dank seinem Komkarlinchen
Der Landsknecht Ladislaus.

Peter Hacks

Die Eintagsfliege

Im Jahr des Heils, am achten Mai,
ward sie geboren früh um drei.
Die Kinder-, Schul- und Jugendzeit
bis zur vollkomm'nen Mündigkeit
beanspruchte zwei voll Stunden.
Kaum war sie reif zum Flug befunden,
begann nach allgemeiner Mode
bei ihr die Sturm- und Drangperiode:
die währte, bis es zehn Uhr war.
Die Sonne schien so warm, so klar
und weckte ihre Liebesglut:
Sie wirbelte in toller Wut
durch Wiesen, Felder, Wald und Flur
bis gegen ein drei viertel Uhr
und hat dabei den Keim gegeben
zu manchem neuen Eintagsleben.
Um zwei Uhr trat schon Ruhe ein;
den Schwestern, welche erst um neun
geboren, gab sie gute Lehren
und kam zu Würden und zu Ehren.

Das währte bis um fünf; – danach
ward sie allmählich altersschwach.
Voll war die siebte Stunde kaum,
da fiel sie tot herab vom Baum –
und hat an diesem Tag erfahren,
was unsereins in siebzig Jahren.

Alois Wohlmuth

Einkehr

Bei einem Wirte, wundermild,
Da war ich jüngst zu Gaste;
Ein goldner Apfel war sein Schild
An einem langen Aste.

Es war der gute Apfelbaum,
Bei dem ich eingekehret,
Mit süßer Kost und frischem Schaum
Hat er mich wohl genähret.

Es kamen in sein grünes Haus
Viel leicht beschwingte Gäste;
Sie sprangen frei und hielten Schmaus
Und sangen auf das Beste.

Ich fand ein Bett zu süßer Ruh
Auf weichen, grünen Matten;
Der Wirt, er deckte selbst mich zu
Mit seinem kühlen Schatten.

Nun fragt ich nach der Schuldigkeit,
Da schüttelt er den Wipfel.
Gesegnet sei er allezeit
Von der Wurzel bis zum Gipfel.

Ludwig Uhland

Der Lindwurm und der Schmetterling

Einst war ein finstrer Felsenturm …
Einst war ein finstrer Felsenturm
bewohnt von einem Drachenwurm.
Der spuckte Feuer hint' und vorn,
war voller Stacheln und voll Zorn.

Doch eines Tags kam zu Besuch
Professor Hicks mit einem Buch.
Er forschte vorn und forschte hint',
furchtlos, wie solche Leute sind.
Er maß das Tier voll Wissensdrang:
Mit Schwanz war's dreißig Meter lang!

Das undankbare Scheusal fraß
den Forscher samt dem Metermaß.
Zur Reue sah es keinen Grund,
es war voll Bosheit, doch gesund.

Jedoch – das Buch war unverdaulich!
Dem Drachen wurde grimm und graulich,
drum spuckte er aus seinem Bauch
das Buch und den Gelehrten auch.

Der Forscher, ohne Abschiedswort,
nahm seine Brille und ging fort.
Doch schau! Das Buch ließ er zurücke,
sei's aus Zerstreutheit, sei's aus Tücke.

Der Drache fing zu lesen an.
Das hätt' er besser nicht getan!
Denn kaum hatt' er hineingeguckt,
da las er schwarz auf weiß gedruckt,
dass jeder Wurm, der Feuer spei,
ganz einwandfrei ein LINDWURM sei.

Der Drache schrie,
vor Wut fast blind:
»Ich bin nicht *lind*! Ich bin nicht *LIND*!!!«

Das Buch zerriss er kurz und klein,
er wollte halt kein LINDWURM sein.
Und zum Beweise seines Grimmes
tat er den ganzen Tag nur Schlimmes.

Was er auch tat, der Wurm blieb LIND.
Da weint' er schließlich wie ein Kind,
er ging von nun an nie mehr aus
und lag mit Kopfweh krank zu Haus.

Auf einer Wiese voller Pflanzen
übt' sich ein Kohlweißling im Tanzen.
Er war von zärtlichem Gemüte
und sehr galant zu jeder Blüte.
Doch auch mit den Kohlweißlingsmädchen
dreht' er den Walzer wie auf Rädchen.

Er war empfindsam und bescheiden,
vor allem konnt' er Lärm nicht leiden.
Ihn machte das Verkehrsgetöse
der nahen Straße richtig böse.
Drum sucht' er in des Waldes Gründen
die Ruhe, die er liebt, zu finden.

Kaum war er dort, kam eine Hummel
des Wegs daher mit viel Gebrummel.
Der Kohlweißling rief: »Unerhört!
Auch hier wird man durch Lärm gestört!«
Die Hummel brummte: »Dummes Ding!
Du heißt ja sogar SCHMETTERLING!«
Der Kohlweiß ward vor Schreck kohlweiß:
»Wie furchtbar, dass ich **SCHMETTER** heiß!«

Von nun an tanzte er nicht mehr,
ging nur auf Zehen noch umher –
doch der Erfolg war sehr gering:
Er war und blieb ein SCHMETTERLING.
Verzweifelt rang er seine Beine,
zog sich zurück und haust' alleine
als Eremit in einer Wüste,
wo er für sein Geschmetter büßte.

Doch eines Tags kam eine Schlange
vorbei im Zickzack-Schlendergange.
Die sprach: »Es ist direkt zum Lachen!
Ich kenne nämlich einen Drachen,
der grämt sich, weil er LINDwurm heißt.
Tja ja, so ist das Leben meist.«

Drauf zwinkert' sie mit List im Blick
und zog davon im Zack und Zick.
Der Schmetterling bedachte lange
die klugen Worte jener Schlange.
Er grübelt' vierzehn Tage fleißig,
dann rief er plötzlich: »Ha, jetzt weiß ich!«

Er packte etwas Proviant
und reiste lange über Land,
bis er, wenngleich auch höchst beklommen,
zu jenem Drachenturm gekommen.
Am Boden lagen bleiche Knochen –
der Wandersmann wagt' kaum zu pochen.

Doch schließlich trat er in den Turm.
Im Bett lag krank der Drachenwurm
und fing sofort zu jammern an.
Der Schmetterling jedoch begann:
»Ich hab gehört, was Ihnen fehlt.
Wie wär's, wenn wir, was jeden quält,
ganz einfach tauschten miteinand'?
Ich werde SCHMETTERLING genannt.«

Der Lindwurm, der verstand erst nicht,
doch bald verklärt' sich sein Gesicht,
und als er schließlich ganz verstand,
da schüttelt' er dem Gast die Hand
(ganz überaus behutsam freilich!).
Er holt' Papier und Tinte eilig,
der Tausch ward schriftlich festgelegt.
»Gemacht!«, rief jeder tief bewegt,
und Arm in Arm verließ' den Turm …

ein *Lindling*
und ein
SCHMETTERWURM.

Michael Ende

Der Heuschreck

Einen Heuschreck

zog ich aus dem Meer an Land

und ließ ihn trocknen auf meiner Hand.

Ob er noch lebt,

so verschmiert und verklebt?

Sonne und Wind

wirkten geschwind:

Ich spürte, wie er zuckte,

mit dem Sprungbein ruckte,

ein wenig zappelte und rieb

und ganz stille blieb –

und dann – ja, es gelang:

Er sprang!

Weit sprang er, in hohem Bogen,

als sei er aus meiner Hand geflogen.

Doch der Heu – o Schreck! –

Sprang einmal kreuz,

zweimal quer

und direkt

wieder

ins Meer.

Hans Adolf Halbey

Es saßen einstens …

Es saßen einstens beieinand
Zwei Knaben, Fritz und Ferdinand.

Da sprach der Fritz: Nun gib mal acht,
Was ich geträumt vergangne Nacht.
Ich stieg in einen schönen Wagen,
Der Wagen war mit Gold beschlagen.
Zwei Englein spannten sich davor,
Die zogen mich zum Himmelstor.
Gleich kamst du auch und wolltest mit
Und sprangest auf den Kutschentritt,
Jedoch ein Teufel, schwarz und groß,
Der nahm dich hinten bei der Hos'
Und hat dich in die Höll' getragen.
Es war sehr lustig, muss ich sagen. –

So hübsch nun dieses Traumgesicht,
Dem Ferdinand gefiel es nicht.
Schlapp! schlug er Fritzen an das Ohr,
Dass er die Zippelmütz verlor.
Der Fritz, der dies verdrießlich fand,
Haut wiederum den Ferdinand;
Und jetzt entsteht ein Handgemenge,
Sehr schmerzlich und von großer Länge. –

So geht durch wesenlose Träume
Gar oft die Freundschaft aus dem Leime.

Wilhelm Busch

Die zwei Schwestern

Es waren mal zwei Schwestern,

Ich weiß es noch wie gestern.

Die eine namens Adelheid

War faul und voller Eitelkeit.

Die andre, die hieß Kätchen

Und war ein gutes Mädchen,

Sie quält sich ab von früh bis spät,

Wenn Adelheid spazieren geht.

Die Adelheid trank roten Wein,

Dem Kätchen schenkt sie Wasser ein.

Einst war dem Kätchen anbefohlen,

Im Walde dürres Holz zu holen.

Da saß an einem Wasser

Ein Frosch, ein grüner, nasser;

Der quakte ganz unsäglich

Gottsjämmerlich und kläglich:

»Erbarme dich, erbarme dich,

Ach, küsse und umarme mich!«

Das Kätchen denkt: Ich will's nur tun,

Sonst kann der arme Frosch nicht ruhn!

Der erste Kuss schmeckt recht abscheulich.

Der gräsig grüne Frosch wird bläulich.

Der zweite schmeckt schon etwas besser;

Der Frosch wird bunt und immer größer.

Beim dritten gibt es ein Getöse,

Als ob man die Kanonen löse.

Ein hohes Schloss steigt aus dem Moor,

Ein schöner Prinz steht vor dem Tor.

Er spricht: »Lieb Kätchen, du allein

Sollst meine Herzprinzessin sein!«

Nun ist das Kätchen hochbeglückt,

Kriegt Kleider schön mit Gold gestickt

Und trinkt mit ihrem Prinzgemahl

Aus einem goldenen Pokal.

Indessen ist die Adelheid

In ihrem neusten Sonntagskleid

Herumspaziert an einem Weiher,

Da saß ein Knabe mit der Leier.

Die Leier klang, der Knabe sang:

»Ich liebe dich, bin treu gesinnt,

Komm, küsse mich, du hübsches Kind!«

Kaum küsst sie ihn,

So wird er grün,

So wird er struppig,

Eiskalt und schuppig.

Und ist – o Schreck! –

Der alte kalte Wasserneck.

»Ha!«, lacht er. »Diese hätten wir!«

Und fährt bis auf den Grund mit ihr.

Da sitzt sie nun bei Wasserratzen,

Muss Wassernickels Glatze kratzen,

Trägt einen Rock von rauen Binsen,

Kriegt jeden Mittag Wasserlinsen;

Und wenn sie etwa trinken muss,

Ist Wasser da im Überfluss.

Wilhelm Busch

Pinguine

Auch die Pinguine ratschen, tratschen,

Klatschen, patschen, watscheln, latschen,

Tuscheln, kuscheln, tauchen, fauchen

Herdenweise, grüppchenweise

Mit Gevattern,

Pladdern, schnattern

Laut und leise.

Schnabel-Babelbabel-Schnack,

Seriöses, Skandalöses, Hiebe, Stiche.

Oben: Chemisette mit Frack.

Unten: lange, enge, hinderliche

Röcke. – Edelleute, Bürger, Pack,

Alte Weiber, Professoren.

Riesenvolk, in Schnee und Eis geboren.

Sie begrüßen herdenweise

Ersten Menschen, der sich leise

Ihnen naht. Weil sie sehr neugierig sind.

Und der erstgesehene Mensch ist neu.

Und Erfahrungslosigkeit starrt wie ein kleinstes Kind

Gierig staunend aus, jedoch nicht scheu.

Riesenvolk, in Schnee und Eis geboren,

Lebend in verschwiegener Bucht

In noch menschenfernem Lande.

Arktis-Expedition. – Revolverschuss –:

Und das Riesenvolk, die ganze Bande

Ergreift die Flucht.

Joachim Ringelnatz

Spiel der Murmeltiere

In der Sonne vor dem Hause
Saß die Murmelfrau und säugte
Ihre Buben, die zu naschen
Ab und zu vom Spiele kamen.

Doch der Mann, der scharf bewehrte,
Rüstig mäht er Gras und Kräuter;
Kundig wie ein Pharmazeute
Wählt er nur, was fein und würzig.

Ausgebreitet lag die Ernte,
Trocknend in dem warmen Scheine,
Und die Kinder schlugen fröhlich
Purzelbäume auf den Maden.

Doch der alte Schwiegervater
Legt sich jetzo auf den Rücken,
Der schon lange kahl gescheuert,
Und erstreckt empor die Beine.

Und mit Heu, das herrlich duftet,
Wird er emsig hoch beladen,
Dass ein Fuder zierlich schwillt,
Fast von eines Zwergleins Höhe.

Und am Schwänzel mit den Zähnen

Wird das Fuhrwerk jetzt gezogen;

Stattlich schwankt es nach der Tanne,

Nach der klug gebauten Hofstatt.

Lust und Freude rings umhüpft es,

Nur die Murmelmutter sorgt sich;

Denn hoch oben auf dem Heuberg

Sitzt ein Bübchen, macht sein Männchen.

Wird es nicht den Kopf sich stoßen

An des Tores niederm Bogen?

Aber sieh den Schelm, er duckt sich,

Jubelnd fährt er mit hinunter!

Und sie sprangen, und sie sangen,

Tranken aus der klaren Quelle;

Und der Alte kroch zutage,

Putzte lachend sich den Pelz.

Gottfried Keller

Wenn der Bär nach Hause kommt

Wenn der Bär nach Hause kommt,
dann freun sich alle sehr,
denn meistens bringt er Honig mit
und manchmal auch noch mehr.

Wenn der Bär sich ausruhn will,
dann legt er sich aufs Ohr.
Die Bärin holt sein Lieblingsbuch
und liest ihm daraus vor.

Wenn der Bär Bekannte trifft,
dann grüßt er mit dem Hut.
Die Leute fragen: »Na, wie geht's?«,
und er sagt: »Danke, gut.«

Wenn der Bär erzählen soll,
erzählt er tolle Sachen.
Manchmal etwas Trauriges
und manchmal was zum Lachen.

Wenn der Bär zum Schwimmen geht,
dann geht die Bärin mit.
Wenn einer zu Besuch da ist,
dann gehen sie zu dritt.

Wenn der Bär verreisen will,
dann packt er seine Taschen:
frische Wäsche, Proviant
und allerlei zum Naschen.

Wenn er nichts zu fressen hat,
dann sucht der Bär sich Futter.
Und wenn er selbst nichts finden kann,
dann fragt er seine Mutter.

Manchmal ist der Bär allein,
dann kommt er mich besuchen.
Wir trinken ein Glas Gänsewein
und essen Marmorkuchen.

Wenn der Bär spazieren geht,
dann singt er Wanderlieder.
Schade ist, er kennt nur eins,
das singt er immer wieder.

Morgen wird das Wetter gut,
dann sitzt der Bär im Garten.
Er spielt mit Freunden ›Fang den Hut‹
und Domino und Karten.

Frantz Wittkamp

Das Sonntagshuhn

Meine Großmutter hatte Hühner,
die liefen treppab und treppauf,
und Großvater als ihr Diener
schloss morgens die Türen auf.

Nachts schliefen sie auf den Stangen,
dann schloss er sie wieder ein.
Nicht die Hühner waren gefangen –
der Fuchs konnte nicht herein.

Hühner, wenn sie nur wollen,
verstehen jedes Wort,
das sie nicht verstehen sollen,
sofort.

Weiß sind sie und gurren leise,
eins von ihnen ist braun.
Es hat seine eigene Weise,
gedankenvoll zu schauen.

Eines Abends, als die andern schliefen,
winkte es mich herbei
und fragte mit seinem tiefen
Blick, was ein Sonntag sei.

Hanna Johansen

Der schwarze Schimmel

Im Schneeland, wo kein Auto fährt,

Da war einmal ein schwarzes Pferd.

Es zog zur weißen Winterzeit

Den schönsten Schlitten weit und breit.

Sogar der Schneemann sagte: Ah!

Wenn er den Schlitten kommen sah,

Und winkte mit dem Besen,

So schön ist er gewesen.

Allein das Pferd war gar nicht froh

Und stampfte zornig in das Stroh.

Es bildete sich nämlich ein,

Es möchte gern ein Schimmel sein,

Hell wie der Tag, blank wie Papier,

Nicht so ein dunkles Rappentier.

Es wollte, unbescheiden,

Die schwarze Haut nicht leiden.

Drum hat es sich in einer Nacht

Ganz heimlich aus dem Stall gemacht,

Lief einem Maler in das Haus,

Zog ihn am Hemd vom Bett heraus

Und bat ihn halt recht herzlich:

Ach, schau, ich bin so schwärzlich!

Bis der den großen Pinsel nahm

Und mit der weißen Farbe kam.

Bald sah man gar nichts Schwarzes mehr,

Das freute unser Rössel sehr.

Der Maler aber hielt die Tür

Und fragte: Was krieg ich dafür?

Er schnitt ihm ab das schöne Haar,

Weil es so gut für Pinsel war.

So musste es das Malen

Mit seinem Schwanz bezahlen.

Am Morgen fand der Kutscher Hans
Im Stall den Rappen ohne Schwanz
Und weiß wie einen Schimmel.
Ja, rief er, Herr im Himmel,
Was ist denn da geschehen?
Er machte gleich ein Mordsgeschrei,
Es liefen viele Leut herbei,
Das Wunder anzusehen.
Der Schimmel mit der falschen Haut
Verriet jedoch mit keinem Laut
Die ganze eitle Zauberei,
Dass er nur ein gemalter sei.
Er freute sich im Stillen:
Nun hab ich meinen Willen!
Und fing mit allen vieren
Stolz an zu galoppieren.
Der Kutscher Hans schrie ho und he,
Und brr und hü, steh, Schimmel, steh!

Doch der war außer Rand und Band,
Hochmütig sprang er durch das Land.
Die Sonne zog ein grau Gesicht,
Denn so ein Protz, der passt ihr nicht,
Und plötzlich fing's zu regnen an,
Um unsern Schimmel war's getan.
Die falsche Malerfarbe floss
In Strömen weg; es goss und goss
Aufs Pferd herab; am linken Ohr
Spitzt schon das echte Schwarz hervor.

Bald sah es aus wie Matschebrei,
Und mit der Schönheit war's vorbei.
Es krähte laut ein Wetterhahn:
Seht diesen garstgen Dreckfink an!
So litt das Rössel Schimpf und Scham,
Bis Kutscher Hans die Bürste nahm
Und putzt es schön fast wie zuvor,
Nur dass es halt den Schwanz verlor.
Auch auf der Stirne blieb ein Fleck
Zur Strafe stehn, der ging nicht weg.
Seht ihr es einmal rennen:
Daran könnt ihr es erkennen.

Ernst Heimeran

Lob des Ungehorsams

Sie waren sieben Geißlein
und durften überall reinschaun,
nur nicht in den Uhrenkasten,
das könnte die Uhr verderben,
hatte die Mutter gesagt.

Es waren sechs artige Geißlein,
die wollten überall reinschaun,
nur nicht in den Uhrenkasten,
das könnte die Uhr verderben,
hatte die Mutter gesagt.

Es war ein unfolgsames Geißlein,
das wollte überall reinschaun,
auch in den Uhrenkasten,
da hat es die Uhr verdorben,
wie es die Mutter gesagt.

Dann kam der böse Wolf.

Es waren sechs artige Geißlein,
die versteckten sich, als der Wolf kam,
unterm Tisch, unterm Bett, unterm Sessel,
und keines im Uhrenkasten,
sie alle fraß der Wolf.

Es war ein unartiges Geißlein,
das sprang in den Uhrenkasten,
es wußte, daß er hohl war,
dort hat's der Wolf nicht gefunden,
so ist es am Leben geblieben.

Da war Mutter Geiß aber froh.

Franz Fühmann

Die Biene Liane

Die Biene Liane
Fiel – plumps – in die Sahne
Und strimpelt und strampelt
Und himpelt und hampelt
Und zappelt gar sehr
In der Sahne umher.

Nun kann sie nicht starten
Zu lustigen Fahrten.
Nun summt sie und brummt sie
Und paddelt und schwaddelt
Und schaukelt – summsumm –
In der Sahne herum.

Die Biene Liane
Schlägt Schaum in der Sahne.
Das Quirrlen und Wirrlen,
Das Blubbern und Bubbern
Verwirrt ihr den Blick.
Doch die Sahne – wird dick!

Die Sahne – o wehe –,
Sie schäumt in die Höhe.
Die Bläschen im Gläschen,
Sie quellen und schwellen.
Das Bienchen wird lahm.
Aber dick wird der Rahm.

Die Biene Liane
Steigt auf mit der Sahne.
Dies Schäumen, Sich-Bäumen –
Wer ließ sich das träumen? –
Es hebt sie mit Braus
Aus der Sahne heraus!

Sie quillt aus dem Glase
Und fällt auf die Nase.
Da schluchzt sie und juchzt sie
Und bügelt die Flügel
Und brummelt vergnügt
Und erhebt sich und – fliegt!

James Krüss

Der weiße Hirsch

Es gingen drei Jäger wohl auf die Pirsch,
Sie wollten erjagen den weißen Hirsch.

Sie legten sich unter den Tannenbaum,
Da hatten die drei einen seltsamen Traum.

Der Erste

Mir hat geträumt, ich klopf auf dem Busch,
Da rauschte der Hirsch heraus, husch-husch!

Der Zweite

Und als er sprang mit dem Hunde Geklaff,
Da brannt ich ihm auf das Fell, piff-paff!

Der Dritte

Und als ich den Hirsch an der Erde sah,
Da stieß ich lustig ins Horn, trara!

So lagen sie da und sprachen, die drei,
Da rannte der weiße Hirsch vorbei.

Und eh die Jäger ihn recht gesehn
Da war er davon über Tiefen und Höhn.
Husch-husch, Piff-paff, Trara!

Ludwig Uhland

Die Hasenjagd

Drei Gnomen sind übers Feld gegangen –
Schnickel, Schnackel und Schnuckel.
Sie wollten einen Hasen fangen,
Einen langohrigen Nuckel!
Der eine schleppte ein Seil daher,
Der andre einen Pickel schwer,
Der Dritte ein Beil auf dem Buckel –
Schnickel, Schnackel und Schnuckel.

Da sahen sie einen Hasen sitzen –
Schnickel, Schnuckel und Schnackel.
Sie sahen ihn die Ohren spitzen
Mit drolligem Gewackel.
Auf, Brüder!, schrien da alle drei.
Der Has lief aber bei dem Geschrei
Flink weiter ohne Gefackel –
Schnickel, Schnuckel und Schnackel.

Die drei warfen flink die Beine –
Schnackel, Schnuckel und Schnickel.
Der eine stolpert über die Leine,
Der andre über den Pickel.
Der Dritte fällt aufs scharfe Beil,
Und in der Hose Hinterteil
Reißt's ihm ein großes Stückel –
Schnackel, Schnuckel und Schnickel.

Drei Gnomen wollten ein Häslein fangen –
Schnickel, Schnackel und Schnuckel.
Doch übel es ihnen ergangen,
Nun lacht sie aus der Nuckel.
Der eine schreit: O weh, mein Bein!
Der andre: O mein Höschen fein!
Der Dritte reibt sich den Buckel! –
Schnickel, Schnackel und Schnuckel.

Richard Zoozmann

Der Alpenjäger

»Willst du nicht das Lämmlein hüten?

Lämmlein ist so fromm und sanft,

Nährt sich von des Grases Blüten,

Spielend an des Baches Ranft.«

»Mutter, Mutter, lass mich gehen,

Jagen nach des Berges Höhen!«

»Willst du nicht die Herde locken

Mit des Hornes munterm Klang?

Lieblich tönt der Schall der Glocken

In des Waldes Lustgesang.«

»Mutter, Mutter, lass mich gehen,

Schweifen auf den wilden Höhen!«

»Willst du nicht der Blümlein warten,

Die im Beete freundlich stehn?

Draußen ladet dich kein Garten;

Wild ist's auf den wilden Höhn!«

»Lass die Blümlein, lass sie blühen!

Mutter, Mutter, lass mich ziehen!«

Und der Knabe ging zu jagen,
Und es treibt und reißt ihn fort,
Rastlos fort mit blindem Wagen
An des Berges finstern Ort;
Vor ihm her mit Windesschnelle
Flieht die zitternde Gazelle.

Auf der Felsen nackte Rippen
Klettert sie mit leichtem Schwung,
Durch den Riss geborstner Klippen
Trägt sie der gewagte Sprung;
Aber hinter ihr verwogen
Folgt er mit dem Todesbogen.

Jetzo auf den schroffen Zinken
Hängt sie, auf dem höchsten Grat,
Wo die Felsen jäh versinken
Und verschwunden ist der Pfad.
Unter sich die steile Höhe,
Hinter sich des Feindes Nähe.

Mit des Jammers stummen Blicken
Fleht sie zu dem harten Mann,
Fleht umsonst, denn loszudrücken,
Legt er schon den Bogen an.
Plötzlich aus der Felsenspalte
Tritt der Geist, der Bergesalte.

Und mit seinen Götterhänden
Schützt er das gequälte Tier.
»Musst du Tod und Jammer senden«,
Ruft er, »bis herauf zu mir?
Raum für alle hat die Erde,
Was verfolgst du meine Herde?«

Friedrich Schiller

Das Einhorn

Der Heilige hob das Haupt, und das Gebet
fiel wie ein Helm zurück von seinem Haupte:
Denn lautlos nahte sich das nie geglaubte,
das weiße Tier, das wie eine geraubte
hilflose Hindin mit den Augen fleht.

Der Beine elfenbeinernes Gestell
bewegte sich in leichten Gleichgewichten,
ein weißer Glanz glitt selig durch das Fell,
und auf der Tierstirn, auf der stillen, lichten,
stand, wie ein Turm im Mond, das Horn so hell,
und jeder Schritt geschah, es aufzurichten.

Das Maul mit seinem rosagrauen Flaum
war leicht gerafft, sodass ein wenig Weiß
(weißer als alles) von den Zähnen glänzte;
die Nüstern nahmen auf und lechzten leis.
Doch seine Blicke, die kein Ding begrenzte,
warfen sich Bilder in den Raum
und schlossen einen blauen Sagenkreis.

Rainer Maria Rilke

Der letzte Elefant

Ich bin der letzte Elefant.

Vor hundert Jahren fand

mich ein schwarzer Prinz und band

an seinen Traum mich fest.

Der Prinz ist tot. Und meine Haut

ist schwarz vom Wetter angeraut.

Auf meinem Rücken war ein Haus gebaut –

dort saß mein Prinz und hielt mich fest.

Ich konnte tanzen. Ich war leicht.

Man hat mich einst von Hof zu Hof gereicht:

Seht diesen Elefanten, dem kein anderer gleicht!

Und zog mir bunte Decken über für das Fest.

Dann kam der Brand, der Elefantentod.

Die Wälder sanken ein, und auch die Märchen starben.

Die Häuser wurden schwarz, die Erde rot –

das letzte Fest war wild in seinen Farben.

Die Prinzen starben und die Löwen auch.

Die Tore schlugen zu, das Reich zerfiel.

Der Zauberer versuchte es mit Götterrauch,

doch jenem Gott war's nur ein Spiel.

Ich bin der letzte Elefant.

Mein Prinz ist tot. An einem Strand,

wo ich die Wälder nicht mehr fand,

hüt ich den letzten Baum.

Das singt kein Vogel. Nur der Wind.

Und Sand macht meine Augen blind.

Vielleicht nimmt einmal doch ein Kind

mich mit in seinen Traum.

Peter Härtling

Begegnung

Fern im heißen Indien
schritt ein Tiger leis dahin.
Da kam ein Herr aus Degerloch,
der Tiger schritt viel leiser noch.

Tipp mit dem Finger aufs Buch ganz fein:
tipp, tipp, es kann gar nicht leis genug sein!
Fast nicht zu hören: tipp, tipp – so still
kann ein Tiger gehen, so leis, wenn er will.

Jetzt pocht mit der Faust auf den Tisch ganz schwer:
So stapfte der Mann durch die Gegend daher.
Poch, poch: der Mann aus Degerloch!
Was wird geschehen? Wir hören es noch.

Sie sahen sich an und nickten sich zu.
Man grüßt sich doch! Was dachtest du?
Dann schritten sie heiter weiter fort,
der eine nach da, der andre nach dort.

Josef Guggenmos

Die verlassene Mühle

Das Wasser rauscht zum Wald hinein,
es rauscht im Wald so kühle;
wie mag ich wohl gekommen sein
vor die verlass'ne Mühle?
Die Räder, stille, morsch, bemoost,
die sonst so fröhlich herumgetost,
Dach, Gäng und Fenster alle
in drohendem Verfalle.
Allein bei Sonnenuntergang,
da knisterten die Äste,
da schlichen sich den Bach entlang
gar sonderbare Gäste,
viel Männlein grau, von Zwergenart,
mit dickem Kopf und langem Bart,
sie schleppten Müllersäcke
daher aus Busch und Hecke.
Und alsobald im Müllerhaus
beginnt ein reges Leben,
die Räder drehen sich im Saus,
das Glöcklein schallt daneben;
die Männlein laufen ein und aus
mit Sack hinein und Sack heraus,
und jeder von den Kleinen
scheint nur ein Sack mit Beinen.

Und immer voller schwärmen sie
wie Bienen um die Zellen,
und immer toller lärmen sie
durch das Getos der Wellen;
mit wilder Hast das Glöcklein scholl,
bis alle Säcke waren voll
und klar am Himmel oben
der Vollmond sich erhoben.
Da öffnet sich ein Fensterlein,
das einzige noch ganze,
ein schönes bleiches Mägdelein
zeigt sich im Mondenglanze
und ruft vernehmlich durchs Gebraus
mit süßer Stimme Klang hinaus:
»Nun habt ihr doch, ihr Leute,
genug des Mehls für heute!«
Da neigt das ganze Lumpenpack
sich vor dem holden Bildnis,
und jeder sitzt auf seinem Sack
und reitet in die Wildnis;
schön Müllerin schließt's Fenster zu,
und alles liegt in tiefer Ruh;
des Morgens Nebel haben
die Mühle ganz begraben.

Und als ich kam den andern Tag
in trüber Ahnung Schauern,
die Mühle ganz zerfallen lag
bis auf die letzten Mauern;
das Wasser rauschet nebenhin,
es weiß wohl, was ich fühle,
und nimmermehr will aus dem Sinn
mir die zerfall'ne Mühle.

August Schnezler

Ballade in U-Dur

Es lebte Herr Kunz von Karfunkel
Mit seiner verrunzelten Kunkel
Auf seinem Schlosse Punkpunkel
In Stille und Sturm.
Seine Lebensgeschichte war dunkel,
Es murmelte manch Gemunkel
Um seinen Turm.

Täglich ließ er sich sehen
Beim Auf- und Niedergehen
In den herrlichen Ulmenalleen
Seines adligen Guts.
Zuweilen blieb er stehen
Und ließ die Federn wehen
Seines Freiherrnhuts.

Er war just hundert Jahre,
Hatte schneeschlohweiße Haare
Und kam mit sich ins Klare:
Ich sterbe nicht.
Weg mit der verfluchten Bahre
Und ähnlicher Leichenware!
Hol sie die Gicht!

Einst lag ich im Verstecke
Im Park an der Rosenhecke,
Da kam auf der Ulmenstrecke
Etwas angemufft.
Ich bebe, ich erschrecke:
Ohne Sense kommt mit Geblecke
Der Tod, der Schuft.

Und von der andern Seite,
Mit dem Krückstock als Geleite,
In knurrigem Geschreite,
Kommt Kunz von Karfunkel her.
Der sieht nicht in die Weite,
Der sieht nicht in die Breite,
Geht gedankenschwer.

Hallo, du kleine Mücke,
Meckert der Tod voll Tücke,
Hier ist eine Gräberlücke,
Hinunter ins Loch!
Erlaube, dass ich dich pflücke,
Sonst hau ich dir auf die Perücke,
Oller Knasterknoch.

Der alte Herr, mit Grimassen,
Tut seinen Krückstock fest fassen:
Was hast du hier aufzupassen,
Du Uhu du!
Weg da aus meinen Gassen,
Sonst will ich dich abschrammen lassen
Zur Uriansruh!

Sein Krückstock saust behände
Auf die dürren, gierigen Hände,
Die Knöchel- und Knochenverbände:
Knicksknucksknacks.
Freund Hein schreit: Au, mach ein Ende!
Au, au, ich lauf ins Gelände
Nach Haus schnurstracks.

Noch heut lebt Herr Kunz von Karfunkel
Mit seiner verrunzelten Kunkel
Auf seinem Schloss Punkpunkel
In Stille und Sturm.
Seine Lebensgeschichte ist dunkel,
Es murmelt und raunt manch Gemunkel
Um seinen Turm.

Detlev von Liliencron

Der Mondflug

Damals, als die Astronauten
in ihrer Raketenkapsel flogen,
verwundert aus der Luke schauten
und in die Flugbahn des Mondes bogen ...

damals, als sie viel weiter reisten
als alle andern Menschen vorher,
als sie höher, viel höher kreisten
als je irgendmal, irgendwann, irgendwer ...

damals, als sie im Sonnenlicht
den Hinterkopf des Mondes sahen,
aber die vielen Dinge nicht,
die auf der verschwundenen Erde geschahen ...

damals, als sie nach vielen Gefahren
einmal eine Pause machten,
weil sie vom Fliegen müde waren –
weißt du, was da die Männer dachten?

Der erste dachte draußen im All:

»Wenn ich zurück bin, ich kann's kaum erwarten,

spiel ich mit meinen Kindern Ball.«

Der zweite sagte droben im Weltraum:

»Wenn ich daheim bin, pflanz ich im Garten

für meinen Sohn einen Apfelbaum.«

Der dritte sprach in unendlicher Ferne:

»Ich sag meiner Tochter, der lieben, der zarten,

du bist viel schöner als Sonne und Sterne.«

Hans Manz

Heinrich der Vogler

Herr Heinrich sitzt am Vogelherd
Recht froh und wohlgemut;
Aus tausend Perlen blinkt und blitzt
Der Morgenröte Glut.

In Wies und Feld und Wald und Au –
Horch, welch ein süßer Schall!
Der Lerche Sang, der Wachtel Schlag,
Die süße Nachtigall!

Herr Heinrich schaut so fröhlich drein:
»Wie schön ist heut die Welt!
Was gilt's? heut gibt's 'nen guten Fang!«
Er lugt zum Himmelszelt.

Er lauscht und streicht sich von der Stirn
Das blond gelockte Haar,
»Ei doch! Was sprengt denn dort herauf
Für eine Reiterschar?«

Der Staub wallt auf, der Hufschlag dröhnt,
Es naht der Waffen Klang.
»Dass Gott! die Herrn verderben mir
Den ganzen Vogelfang!«

Ei nun! – Was gibt's? – Es hält der Tross
Vorm Herzog plötzlich an,
Herr Heinrich tritt hervor und spricht:
»Wen sucht ihr da, sagt an?«

Da schwenken sie die Fähnlein bunt
Und jauchzen: »Unsern Herrn! –
Hoch lebe Kaiser Heinrich! – Hoch
Des Sachsenlandes Stern!«

Dies rufend, knien sie vor ihn hin
Und huldigen ihm still,
Und rufen, als er staunend fragt:
»'s ist deutschen Reiches Will!«

Da blickt Herr Heinrich tief bewegt
Hinauf zum Himmelszelt:
»Du gabst mir einen guten Fang! –
Herr Gott, wie Dir's gefällt.«

Johann Nepomuk Vogl

Der König in Thule

Es war ein König in Thule
Gar treu bis an das Grab,
Dem sterbend seine Buhle
Einen goldnen Becher gab.

Es ging ihm nichts darüber,
Er leert' ihn jeden Schmaus;
Die Augen gingen ihm über,
So oft er trank daraus.

Und als er kam zu sterben,
Zählt' er seine Städt im Reich,
Gönnt' alles seinen Erben,
Den Becher nicht zugleich.

Er saß beim Königsmahle,
Die Ritter um ihn her,
Auf hohem Vätersaale
Dort auf dem Schloss am Meer.

Dort stand der alte Zecher,
Trank letzte Lebensglut,
Und warf den heilgen Becher
Hinunter in die Flut.

Er sah ihn stürzen, trinken
Und sinken tief ins Meer.
Die Augen täten ihm sinken;
Trank nie einen Tropfen mehr.

Johann Wolfgang von Goethe

Begleiter

Hans, der soeben in der Stadt
Sein fettes Schwein verwertet hat,
Ging spät nach Haus bei Mondenschein.
Ein Fremder folgt und holt ihn ein.

Grüß Gott, rief Hans, das trifft sich gut,
Zu zweit verdoppelt sich der Mut.

Der Fremde denkt: Ha, zapperlot!
Der Kerl hat Geld, ich schlag ihn tot,
Nur nicht von vorn, dass er es sieht,
Dagegen sträubt sich mein Gemüt.

Und weiter gehn sie allgemach,
Der Hans zuvor, der Fremde nach.

Jetzt, denkt sich dieser, mach ich's ab.
Er hob bereits den Knotenstab.

Was gilt die Butter denn bei euch?
Fragt Hans und dreht sich um zugleich.

Der Fremde schweigt, der Fremde stutzt,
Der Knittel senkt sich unbenutzt.

Und weiter gehn sie allgemach,
Der eine vor, der andre nach.

Hier, wo die dunklen Tannen stehn,
Hier, denkt der Fremde, soll's geschehn. –

Spielt man auch Skat bei euch zu Land?
Fragt Hans und hat sich umgewandt.

Der Fremde nickt und steht verdutzt,
Der Knittel senkt sich unbenutzt.

Und weiter gehn sie allgemach,
Der eine vor, der andre nach.

Hier, denkt der Fremde, wo das Moor,
Hier hau ich fest ihm hinters Ohr.

Und wieder dreht der Hans sich um.
Prost, rief er fröhlich, mögt Ihr Rum?
Und zog ein Fläschlein aus dem Rock.
Der Fremde senkt den Knotenstock,
Tat einen Zug, der war nicht schwach,
Und weiter gehn sie allgemach.

Schon sind sie aus dem Wald heraus,
Und schau, da steht das erste Haus.
Es kräht der Hahn, es bellt der Spitz.
Dies, rief der Hans, ist mein Besitz.
Tritt ein, du ehrlicher Gesell
Und nimm den Dank für dein Geleit.

Doch der Gesell entfernt sich schnell,
Vermutlich aus Bescheidenheit.

Wilhelm Busch

Der Milchtopf

Gehörig aufgeschürzt, mit starken Schritten,

Den Milchtopf auf dem Kopf, ging Marthe nach der Stadt,

Um ihre Ware feilzubieten.

Weil doch nun beim Verkauf ein jeder Sorgen hat,

So überdachte sie, was, wenn's das Glück ihr gönnte,

Sie wohl damit verdienen könnte.

Sechs Batzen, dachte sie, gibt mir wohl jedermann;

Denn in der Stadt ist alles teuer.

Die streich ich also ein und lege sie mir an.

Ich kaufe mir, soweit sie reichen, Eier,

Die bring ich wieder in die Stadt.

Das Glück hat oft sein Spiel – für das, was ich gewann,

Kauf ich mir lauter Hühner ein;

Dann legt mir eine jede Henne.

Ich zieh auch dreimal Brut. Wie wird sich Marthe freun,

Wenn so viel Hühner um sie flattern!

Die soll gewiss kein Fuchs ergattern.

Sind sie dann groß genug, so kauf ich mir ein Schwein,

Die Kleie hab ich schon dazu;

Das Schwein verkauf ich auch und kauf mir eine Kuh;

Die wirft ein Kalb, ein Kalb voll Mut und Feuer.

Ho, wie es springt! – Hopf, Anne Marthe, hopf! –

Hier springt sie. – Gute Nacht, Kalb, Kuh, Schwein, Hühner, Eier!

Da lag der Topf.

Johann Wilhelm Ludwig Gleim

Der Nöck

Es tönt des Nöcken Harfenschall:
Da steht sogar still der Wasserfall,
Umschwebt mit Schaum und Wogen
Den Nöck im Regenbogen.
Die Bäume neigen
Sich tief und schweigen,
Und atmend horcht die Nachtigall. –

O Nöck, was hilft das Singen dein?
Du kannst ja doch nicht selig sein!
Wie kann dein Singen taugen?
Der Nöck erhebt die Augen,
Sieht an die Kleinen,
Beginnt zu weinen
Und senkt sich in die Flut hinein.

Da rauscht und braust der Wasserfall,
Hoch fliegt hinweg die Nachtigall,
Die Bäume heben mächtig
Die Häupter grün und prächtig.
O weh, es haben
Die wilden Knaben
Den Nöck betrübt im Wasserfall!

Komm wieder, Nöck, du singst so schön!

Wer singt, kann in den Himmel gehn!

Du wirst mit deinem Klingen

Zum Paradiese dringen!

O komm, es haben

Gescherzt die Knaben:

Komm wieder, Nöck, und singe schön!

Da tönt des Nöcken Harfenschall,

Und wieder steht still der Wasserfall,

Umschwebt mit Schaum und Wogen

Den Nöck im Regenbogen.

Die Bäume neigen

Sich tief und schweigen,

Und atmend horcht die Nachtigall.

Es spielt der Nöck und singt mit Macht

Von Meer und Erd und Himmelspracht.

Mit Singen kann er lachen

Und selig weinen machen!

Der Wald erbebet,

Die Sonn entschwebet,

Er singt bis in die Sternennacht!

August Kopisch

Legende von der Entstehung des Buches Taoteking auf dem Weg des Laotse in die Emigration

1

Als er siebzig war und war gebrechlich

Drängte es den Lehrer doch nach Ruh

Denn die Güte war im Lande wieder einmal schwächlich

Und die Bosheit nahm an Kräften wieder einmal zu.

Und er gürtete den Schuh.

2

Und er packte ein, was er so brauchte:

Wenig. Doch es wurde dies und das.

So die Pfeife, die er immer abends rauchte

Und das Büchlein, das er immer las.

Weißbrot nach dem Augenmaß.

3

Freute sich des Tals noch einmal und vergaß es

Als er ins Gebirg den Weg einschlug.

Und sein Ochse freute sich des frischen Grases

Kauend, während er den Alten trug.

Denn dem ging es schnell genug.

4

Doch am vierten Tag im Felsgesteine

Hat ein Zöllner ihm den Weg verwehrt:

»Kostbarkeiten zu verzollen?« – »Keine.«

Und der Knabe, der den Ochsen führte, sprach:

»Er hat gelehrt.«

Und so war auch das erklärt.

5

Doch der Mann in einer heitren Regung

Fragte noch: »Hat er was rausgekriegt?«

Sprach der Knabe: »Daß das weiche Wasser in Bewegung

Mit der Zeit den mächtigen Stein besiegt.

Du verstehst, das Harte unterliegt.«

6

Daß er nicht das letzte Tageslicht verlöre

Trieb der Knabe nun den Ochsen an.

Und die drei verschwanden schon um eine schwarze Föhre

Da kam plötzlich Fahrt in unsern Mann

Und er schrie: »He, du! Halt an!

7

Was ist das mit diesem Wasser, Alter?«

Hielt der Alte: »Intressiert es dich?«

Sprach der Mann: »Ich bin nur Zollverwalter

Doch wer wen besiegt, das intressiert auch mich.

Wenn du's weißt, dann sprich!

8

Schreib mir's auf! Diktier es diesem Kinde!

So was nimmt man doch nicht mit sich fort.

Da gibt's doch Papier bei uns und Tinte

Und ein Nachtmahl gibt es auch: ich wohne dort.

Nun, ist das ein Wort?«

9

Über seine Schulter sah der Alte

Auf den Mann: Flickjoppe. Keine Schuh.

Und die Stirne eine einzige Falte.

Ach, kein Sieger trat da auf ihn zu.

Und er murmelte: »Auch du?«

10

Eine höfliche Bitte abzuschlagen

War der Alte, wie es schien, zu alt.

Denn er sagte laut: »Die etwas fragen

Die verdienen Antwort.« Sprach der Knabe: »Es wird auch schon kalt.«

»Gut, ein kleiner Aufenthalt.«

11

Und von seinem Ochsen stieg der Weise

Sieben Tage schrieben sie zu zweit.

Und der Zöllner brachte Essen (und er fluchte nur noch leise

Mit den Schmugglern in der ganzen Zeit).

Und dann war's soweit.

12

Und dem Zöllner händigte der Knabe

Eines Morgens einundachtzig Sprüche ein

Und mit Dank für eine kleine Reisegabe

Bogen sie um jene Föhre ins Gestein.

Sagt jetzt: kann man höflicher sein?

13

Aber rühmen wir nicht nur den Weisen

Dessen Name auf dem Buche prangt!

Denn man muß dem Weisen seine Weisheit erst entreißen.

Darum sei der Zöllner auch bedankt:

Er hat sie ihm abverlangt.

Bertolt Brecht

In Bulemanns Haus

Es klippt auf den Gassen im Mondenschein;

Das ist die zierliche Kleine,

Die geht auf ihren Pantöffelein

Behänd und mutterseelenallein

Durch die Gassen im Mondenscheine.

Sie geht in ein altverfallenes Haus;

Im Flur ist die Tafel gedecket,

Da tanzt vor dem Monde die Maus mit der Maus,

Da setzt sich das Kind mit den Mäusen zum Schmaus,

Die Tellerlein werden gelecket.

Und leer sind die Schüsseln, die Mäuslein im Nu

Verrascheln in Mauer und Holze;

Nun lässt es dem Mägdlein auch länger nicht Ruh,

Sie schüttelt die Kleidchen, sie schnürt sich die Schuh,

Dann tritt sie einher mit Stolze.

Es leuchtet ein Spiegel aus goldnem Gestell,

Da schaut sie hinein mit Lachen;

Gleich schaut auch heraus ein Mägdelein hell,

Das ist ihr einziger Spielgesell;

Nun woll'n sie sich lustig machen.

Sie nickt voll Huld, ihr gehört ja das Reich;

Da neigt sich das Spiegelkindlein,

Da neigt sich das Kind vor dem Spiegel zugleich,

Da neigen sich beide gar anmutreich,

Da lächeln die rosigen Mündlein.

Und wie sie lächeln, so hebt sich der Fuß,

Es rauschen die seidenen Röcklein,

Die Händchen werfen sich Kuss um Kuss,

Das Kind mit dem Kinde nun tanzen muss,

Es tanzen im Nacken die Löcklein.

Der Mond scheint voller und voller herein,

Auf dem Estrich gaukeln die Flimmer:

Im Takte schweben die Mägdelein,

Bald tauchen sie tief in die Schatten ein,

Bald stehn sie in bläulichem Schimmer.

Nun sinken die Glieder, nun halten sie an

Und atmen aus Herzens Grunde;

Sie nahen sich schüchtern und beugen sich dann

Und knien voreinander und rühren sich an

Mit dem zarten unschuldigen Munde.

Doch müde werden die beiden allein

Von all der heimlichen Wonne;

Sehnsüchtig flüstert das Mägdelein:

Ich mag nicht mehr tanzen im Mondenschein,

Ach, käme doch endlich die Sonne!

Sie klettert hinunter ein Trepplein schief

Und schleicht hinab in den Garten.

Die Sonne schlief, und die Grille schlief:

Hier will ich sitzen im Grase tief,

Und der Sonne will ich warten.

Doch als nun morgens um Busch und Gestein

Verhuschet das Dämmergemunkel,

Da werden dem Kinde die Äugelein klein;

Sie tanzte zu lange bei Mondenschein,

Nun schläft sie beim Sonnengefunkel.

Nun liegt sie zwischen den Blumen dicht

Auf grünem, blitzendem Rasen,

Und es schauen ihr in das süße Gesicht

Die Nachtigall und das Sonnenlicht

Und die kleinen neugierigen Hasen.

Theodor Storm

Der Pfahlmann

Dicht qualmende Nebel umfeuchten
ein Pfahlbaugerüstwerk im See,
und fernab der Waldwildnis leuchten
die Alpen in ewigem Schnee.

Ein Mann sitzt auf hölzernem Stege,
in Felle gehüllt, denn es zieht;
er schnitzt mit der Feuersteinsäge
ein Hirschhorn und summet sein Lied:

»Da seht mein verschwollen Gesichte
und seht, wie bei Durchzug und Wind
der Ureuropäer Geschichte
mit Rheuma und Zahnweh beginnt.

Zwar klopf ich mit steinernen Beilen
und Keulen mir Bahn durch die Welt,
doch ist ein gemütlich Verweilen
noch täglich infrage gestellt.

Im Wald stört das Raubtier mit Schreien
den Schlaf im durchhöhleten Stamm,
und bau ich mein Hüttlein im Freien,
so stampft mir's der Urochs zusamm'.

Drum lernt' ich vom biederen Biber

und stelle als Wohnungsbehilf,

je weiter vom Festland je lieber,

den Pfahldamm in Seegrund und Schilf.

Auch hier muss ich vieles noch meiden,

was späterer Zeit einst gefällt:

gern trüg ich ein Schwert an der Seiten –

es gibt weder Eisen noch Geld.

Gern zög ich Gewinn vom Papiere –

noch sind keine Börsen gebaut;

gern ging ich des Abends zum Biere –

es wird noch keines gebraut.

Und denk ich der Art, wie wir kochen,

gesteh ich selber: 's ist arg.

Wir spalten dem Torfschwein die Knochen

und saugen als Kraftsaft das Mark.

Wie kann sich der Geist da schon lenken

auf höh'res Kulturideal?

In all unserm Fühlen und Denken

steckt rammeltief Pfahl neben Pfahl.«

Der Mann sang's mit heiserer Kehle,

da schwoll mit dem Rheuma sein Grimm,

zwei Bären beschlichen die Pfähle

und schnupperten kletternd nach ihm.

Da schmiss er zum Pfahlküchenkehricht

Beil, Hirschhorn und Trinkkrug von Ton,

sprang husch! wie ein Frosch ins Geröhricht

und schwamm mit Fluchen davon.

Wo einst man die Stätte errichtet

zum keltischen Seehüttendorf,

ruht jetzt eine Fundschicht geschichtet,

tief unter dem Seeschlamm und Torf.

Der diesen Gesang schuf zum Singen,

hat selber den Moder durchwühlt

und bei den gefundenen Dingen

einen Stolz als Kulturmensch gefühlt.

Joseph Victor von Scheffel

Fingerhütchen

Liebe Kinder, wisst ihr, wo
Fingerhut zu Hause?
Tief im Tal von Acherloo
Hat er Herd und Klause;
Aber schon in jungen Tagen
Muss er einen Höcker tragen;
Geht er, wunderlicher nie
Wallte man auf Erden!
Sitzt er, staunen Kinn und Knie,
Dass sie Nachbarn werden.

Körbe flicht aus Binsen er,
Früh und spät sich regend,
Trägt sie zum Verkauf umher
In der ganzen Gegend,
Und er gäbe sich zufrieden,
Wär er nicht im Volk gemieden;
Denn man zischelt mancherlei:
Dass ein Hexenmeister,
Dass er kräuterkundig sei
Und im Bund der Geister.

Solches ist die Wahrheit nicht,
Ist ein leeres Meinen,
Doch das Volk im Dämmerlicht
Schaudert vor dem Kleinen.
So die Jungen wie die Alten
Weichen aus dem Ungestalten –
Doch vorüber wohlgemut
Auf des Schusters Räppchen
Trabt er. Blauer Fingerhut
Nickt von seinem Käppchen.

Einmal geht er heim bei Nacht
Nach des Tages Lasten,
Hat den halben Weg gemacht,
Darf ein bisschen rasten,
Setzt sich und den Korb daneben,
Schimmernd hebt der Mond sich eben:
Fingerhut ist gar nicht bang,
Ihm ist gar nicht schaurig,
Nur dass noch der Weg so lang,
Macht den Kleinen traurig.

Etwas hört er klingen fein –
Nicht mit rechten Dingen,
Mitten aus dem grünen Rain
Ein melodisch Singen:
»Silberfähre, gleitest leise« –
Schon verstummt die kurze Weise.
Fingerhütchen spähet scharf
Und kann nichts entdecken,
Aber was er hören darf,
Ist nicht zum Erschrecken.

Wieder hebt das Liedchen an
Unter Busch und Hecken,
Doch es bleibt der Reimgespan
Stets im Hügel stecken.
»Silberfähre, gleitest leise« –
Wiederum verstummt die Weise.
Lieblich ist, doch einerlei
Der Gesang der Elfen,
Fingerhütchen fällt es bei,
Ihnen einzuhelfen.

Fingerhütchen lauert still
Auf der Töne Leiter,
Wie das Liedchen enden will,
Führt er leicht es weiter:
»Silberfähre, gleitest leise« –
»Ohne Ruder, ohne Gleise.«
Aus dem Hügel ruft's empor:
»Das ist dir gelungen!«
Unterm Boden kommt hervor
Kleines Volk gesprungen.

»Fingerhütchen, Fingerhut«,
Lärmt die tolle Runde,
»Fass dir einen frischen Mut!
Günstig ist die Stunde
Silberfähre, gleitest leise
Ohne Ruder, ohne Gleise!
Dieses hast du brav gemacht,
Lernet es, ihr Sänger!
Wie du es zustand gebracht,
Hübscher ist's und länger!

Zeig dich einmal, schöner Mann!
Lass dich einmal sehen:
Vorn zuerst und hinten dann!
Lass dich einmal drehen!
Weh! Was müssen wir erblicken!
Fingerhütchen, welch ein Rücken!
Auf der Schulter, liebe Zeit,
Trägst du eine grause Bürde!
Ohne hübsche Leiblichkeit
Was ist Geisteswürde?

Eine ganze Stirne voll
Glücklicher Gedanken,
Unter einem Höcker soll
Länger nicht sie schwanken!
Strecket euch, verkrümmte Glieder!
Garst'ger Buckel, purzle nieder!
Fingerhut, nun bist du grad
Deines Fehls genesen!
Heil zum schlanken Rückengrat!
Heil zum neuen Wesen!«

Plötzlich steckt der Elfenchor
Wieder tief im Raine,
Aus dem Hügelgrund empor
Tönt's im Mondenscheine:
»Silberfähre, gleitest leise
Ohne Ruder, ohne Gleise.«
Fingerhütchen wird es satt,
Wäre gern daheime,
Er entschlummert lass und matt
An dem eignen Reime.

Schlummert eine ganze Nacht
Auf derselben Stelle;
Wie er endlich auferwacht,
scheint die Sonne helle;
Kühe weiden, Schafe grasen
Auf des Elfenhügels Rasen.
Fingerhut ist bald bekannt,
Lässt die Blicke schweifen,
Sachte dreht er dann die Hand,
Hinter sich zu greifen.

Ist ihm Heil im Traum geschehen?
Ist das Heil die Wahrheit?
Wird das Elfenwort bestehn
Vor des Tages Klarheit?
Und er tastet, tastet, tastet:
Unbebürdet! Unbelastet!
»Jetzt bin ich ein grader Mann!«,
Jauchzt er ohne Ende,
Wie ein Hirschlein jagt er dann
Über Feld behände.

Fingerhut steht plötzlich still,
Tastet leicht und leise,
Ob er wieder wachsen will?
Nein, in keiner Weise!
Selig preist er Nacht und Stunde,
Da er sang im Geisterbunde –
Fingerhütchen wandelt schlank,
Gleich als hätt' er Flügel,
Seit er schlummernd niedersank
Nachts am Elfenhügel.

Conrad Ferdinand Meyer

Nis Randers

Krachen und Heulen und berstende Nacht,

Dunkel und Flammen in rasender Jagd –

Ein Schrei durch die Brandung!

Und brennt der Himmel, so sieht man's gut:

Ein Wrack auf der Sandbank!

Noch wiegt es die Flut;

Gleich holt sich's der Abgrund.

Nis Randers lugt – und ohne Hast

Spricht er: »Da hängt noch ein Mann im Mast;

Wir müssen ihn holen.«

Da fasst ihn die Mutter: »Du steigst mir nicht ein!

Dich will ich behalten, du bliebst mir allein,

Ich will's, deine Mutter!

Dein Vater ging unter und Momme, mein Sohn;

Drei Jahre verschollen ist Uwe schon,

Mein Uwe, mein Uwe!«

Nis tritt auf die Brücke. Die Mutter ihm nach!

Er weist nach dem Wrack und spricht gemach:

»Und seine Mutter?«

Nun springt er ins Boot und mit ihm noch sechs:

Hohes, hartes Friesengewächs;

Schon sausen die Ruder.

Boot oben, Boot unten, ein Höllentanz!

Nun muss es zerschmettern …!

Nein, es blieb ganz! …

Wie lange? Wie lange?

Mit feurigen Geißeln peitscht das Meer

Die menschenfressenden Rosse daher;

Sie schnauben und schäumen.

Wie hechelnde Hast sie zusammenzwingt!

Eins auf den Nacken des andern springt

Mit stampfenden Hufen!

Drei Wetter zusammen!

Nun brennt die Welt! Was da? –

Ein Boot, das landwärts hält –

Sie sind es! Sie kommen!

Und Auge und Ohr ins Dunkel gespannt …

Still – ruft da nicht einer! –

Er schreit's durch die Hand:

»Sagt Mutter, 's ist Uwe!«

Otto Ernst

Das Riesenspielzeug

Burg Niedeck ist im Elsass der Sage wohlbekannt,
die Höhe, wo vor Zeiten die Burg der Riesen stand;
sie selbst ist nun verfallen, die Stätte wüst und leer,
du fragest nach den Riesen, du findest sie nicht mehr.

Einst kam das Riesenfräulein aus jener Burg hervor,
erging sich sonder Wartung und spielend vor dem Tor
und stieg hinab den Abhang bis in das Tal hinein,
neugierig zu erkunden, wie's unten möchte sein.

Mit wen'gen raschen Schritten durchkreuzte sie den Wald,
erreichte gegen Haslach das Land der Menschen bald,
und Städte dort und Dörfer und das bestellte Feld
erschienen ihren Augen gar eine fremde Welt.

Wie jetzt zu ihren Füßen sie spähend niederschaut,
bemerkt sie einen Bauer, der seinen Acker baut;
es kriecht das kleine Wesen einher so sonderbar,
es glitzert in der Sonne der Pflug so blank und klar.

»Ei! artig Spielding!«, ruft sie, »das nehm ich mit nach Haus!«

Sie knieet nieder, spreitet behänd ihr Tüchlein aus

und feget mit den Händen, was sich da alles regt,

zu Haufen in das Tüchlein, das sie zusammenschlägt,

und eilt mit freud'gen Sprüngen, man weiß, wie Kinder sind,
zur Burg hinan und suchet den Vater auf geschwind:
»Ei Vater, lieber Vater, ein Spielding wunderschön!
So Allerliebstes sah ich noch nie auf unsern Höh'n.«

Der Alte saß am Tische und trank den kühlen Wein,
er schaut sie an behaglich, er fragt das Töchterlein:
»Was Zappeliges bringst du in deinem Tuch herbei?
Du hüpfest ja vor Freuden; lass sehen, was es sei.«

Sie spreitet aus das Tüchlein und fängt behutsam an,
den Bauer aufzustellen, den Pflug und das Gespann;
wie alles auf dem Tische sie zierlich aufgebaut,
so klatscht sie in die Hände und springt und jubelt laut.

Der Alte wird gar ernsthaft und wiegt sein Haupt und spricht:

»Was hast du angerichtet? Das ist kein Spielzeug nicht!

Wo du es hergenommen, da trag es wieder hin,

der Bauer ist kein Spielzeug, was kommt dir in den Sinn?

Sollst gleich und ohne Murren erfüllen mein Gebot;

denn wäre nicht der Bauer, so hättest du kein Brot;

es sprießt der Stamm der Riesen aus Bauernmark hervor,

der Bauer ist kein Spielzeug, da sei uns Gott davor.

Burg Niedeck ist im Elsass der Sage wohlbekannt,

die Höhe, wo vor Zeiten die Burg der Riesen stand;

sie selbst ist nun verfallen, die Stätte wüst und leer,

und fragst du nach den Riesen, du findest sie nicht mehr.

Adelbert von Chamisso

An der Saale hellem Strande …

An der Saale hellem Strande
Stehen Burgen stolz und kühn,
Ihre Dächer sind zerfallen,
Und der Wind streicht durch die Hallen,
Wolken ziehen drüber hin.

Zwar die Ritter sind verschwunden,
Nimmer klingen Speer und Schild;
Doch dem Wandersmann erscheinen
In den altbemoosten Steinen
Oft Gestalten zart und mild.

Droben winken schöne Augen,
Freundlich lacht manch roter Mund,
Wandrer schaut wohl in die Ferne,
Schaut in holder Augen Sterne,
Herz ist heiter und gesund.

Und der Wandrer zieht von dannen,
Denn die Trennungsstunde ruft;
Und er singet Abschiedslieder,
Lebewohl tönt ihm hernieder,
Tücher wehen in der Luft.

Franz Theodor Kugler

Kennt ihr Rolf, den Robotmann?

Bei Familie Hinterzwacken
Gibt es Rolf, den Robotmann,
Der gut schneidern, kochen, backen
Und den Besen führen kann.
Alles, was er schafft und tut,
Macht Rolf Robot wirklich gut.

Einstmals reiste die Familie
Fort für lange, lange Zeit:
Vater, Mutter, Ernst, Emilie
Und die kleine Adelheid.
»Nun, Rolf Robot, hüt das Haus!«
Riefen sie beim Abschied aus.

Aber, ach, die Robotleute,
Wieviel Pflege brauchen sie:
Gestern Öl, ein Schräubchen heute,
Morgen ein Scharnier fürs Knie.
Kaum war Rolf im Haus allein,
Brach er sich ein Schlüsselbein.

Durch den Bruch am Schlüsselbeine
Renkte auch ein Arm sich aus.
Also regte Rolf die Beine,
Lief verwirrt durchs ganze Haus
Und zerbrach den Spiegel, weh,
Weil sein Arm so schlenkerte.

Da entfloh er auf der Stelle,
Lief erschrocken in den Flur,
Stolperte dort auf der Schwelle,
Klammerte sich an die Uhr,
Fiel und sank mit rumm und wumm
Samt der alten Standuhr um.

Weh, Rolf Robot, deine Teile
Liegen nun im Flur verstreut.
Blind und kopflos macht die Eile.
Wer gescheit ist, nimmt sich Zeit.
Sieh, die Standuhr, altererbt,
Ist zerbrochen und zerscherbt.

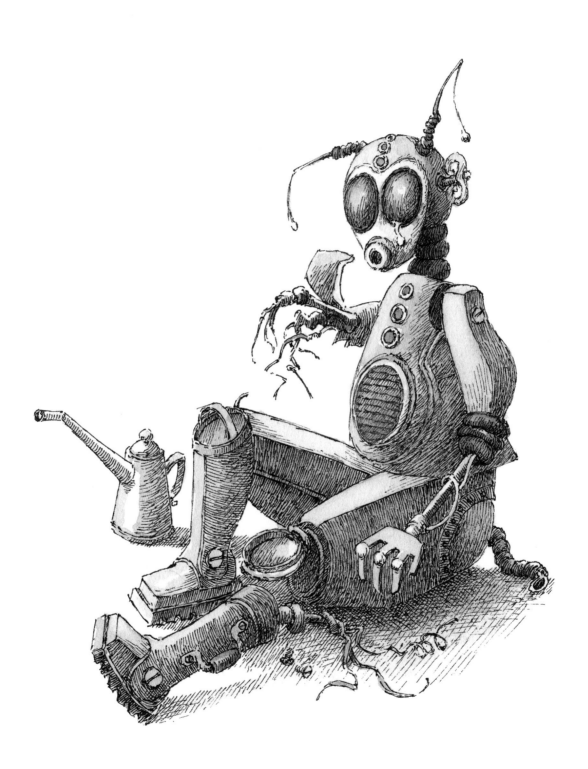

Ja, man soll sein Tun bedenken.
Seht ihn an, den Robotmann:
Mit verrenkten Stahlgelenken,
Starrt er stumm die Decke an,
Regt sich nicht und liegt im Flur
Zwischen Scherben von der Uhr.

Wie ging die Geschichte weiter?
Draußen gab es Schnee und Frost,
Und Rolf Robot, wenig heiter,
Spürte überall den Rost.
»Bald schon«, dachte er sich still,
»Flieg ich sicher auf den Müll.«

Doch zum Glück kam die Familie
Grad nach Haus um diese Zeit:
Vater, Mutter, Ernst, Emilie
Und die kleine Adelheid.
Jeder schrie vor Schrecken: »Ah!«,
Als er den Rolf Robot sah.

Doch dann ging's ans Reparieren,
Das im Haus sofort begann:
Vater kam mit den Scharnieren,
Mutter mit den Schräubchen an.
Ernstel brachte Öl und Schmer,
Adelheid ein Staubtuch her.

Kinder, was das für ein Tanz war,
Bis ein jedes Schräubchen saß
Und Rolf Robot wieder ganz war
Und die Standuhr unter Glas.
Doch bald glänzten Rolf und Uhr
Wieder frisch und neu im Flur.

Seitdem wird mit Öl und Lacken
Der Rolf Robot gut gehegt,
Der das Haus der Hinterzwacken
Dafür sorglich putzt und pflegt.
Alles auf der Welt wird gut,
Wenn man es gemeinsam tut.

James Krüss

Vineta

Aus des Meeres tiefem, tiefem Grunde

Klingen Abendglocken dumpf und matt,

Uns zu geben wunderbare Kunde

Von der schönen alten Wunderstadt.

In der Fluten Schoß hinabgesunken,

Blieben unten ihre Trümmer stehn.

Ihre Zinnen lassen goldne Funken

Widerscheinend auf dem Spiegel sehn.

Und der Schiffer, der den Zauberschimmer

Einmal sah im hellen Abendrot,

Nach derselben Stelle schifft er immer,

Ob auch rings umher die Klippe droht.

Aus des Herzens tiefem, tiefem Grunde

Klingt es mir, wie Glocken, dumpf und matt.

Ach, sie geben wunderbare Kunde

Von der Liebe, die geliebt es hat.

Und dann möcht ich tauchen in die Tiefen,

Mich versenken in den Widerschein,

Und mir ist, als ob mich Engel riefen

In die alte Wunderstadt herein.

Wilhelm Müller

Das Brückengespenst

Am Kreuzweg sitzt ein Brückengeist,
Umringt von sieben Kleinen,
Mit Wanderpack und Bettelsack,
Und alle Kleinen weinen.
Was fehlt dir, Vater? Fasse Mut,
Erzähle mir die Märe,
Was dir geschah und ob ich dir
Vielleicht behilflich wäre.
Der Alte ächzt und wischte sich
Die tränenfeuchten Lider,
Hernach mit kummervollem Blick
Gab er die Antwort wider:
Ich lebt als ehrliches Gespenst
Im trauten Uferloche
Friedlich am heimatlichen Fluss
Unter dem Brückenjoche.
Ach, war das eine schöne Zeit!
Die Brücke war in Stücken,
Zwei Balken fehlten, einer wich,
Die andern hatten Lücken,
Der Mittelpfosten schaukelte
Und tanzte vor Vergnügen;
Kurz, selbst der strengsten Forderung
Konnte der Bau genügen.

Und da einmal Gespensterpflicht
Erfordert, wen zu necken,
So wählten wir die Profession,
Die Pferde zu erschrecken.
’s ist eine angestammte Kunst
Vom Urgroßvater ferne,
Und wenn wir drinnen Meister sind,
Das macht: Wir tun’s halt gerne.
Zwar so ein Gaul am Wägelein
Und solche kleinen Dinge –
Bewahr! Dergleichen lockt uns nicht,
Das war uns zu geringe;
Dagegen eine Jagdpartie,
Ein Picknick meinetwegen
Auf heißen Rasserossen, hah,
Da lohnte sich es hingegen!
Man ließ das Trüpplein ungestört,
Tripp trapp im muntern Schritte,
Mit Scherz und Sang, tralli tralla,
Bis auf die Brückenmitte.
Dann, auf mein Zeichen, ging es los.
Verborgen im Gebälke,
Eröffneten zugleich den Krieg
Die sieben süßen Schälke.

Der Leopold, der Barnabas,
Der Klaus, der Sakranitsche
Klatschten den Pferden um die Knie
Mit Latten und mit Pritsche.
Der Wenzel zerrte sie am Schweif,
Der Philipp, nach den Regeln,
Wippt ihnen Balken an den Bauch,
Die kitzelten mit Nägeln.
Ich komme auch!, rief Fridolin.
Wart doch! Nicht solche Eile!
Nahm hurtig einen Span und stieß
Und stach die Hinterteile.
War das ein Wirrwarr und Geschrei!
Das hättst du sehen sollen!
Vor Angst und Aufruhr wusste keins,
Ob vor-, ob rückwärts wollen.
Links, rechts hinunter in den Fluss,
Plumps über das Geländer.
Und lustig schwammen Sonnenschirm
Und Strohhut und Gewänder.
Ach Gott! Was schwatz ich unnütz da!
Das sind vergangene Zeiten!
Es geht jetzt alles mit Benzin,
Vorüber ist das Reiten.
Statt des elastischen Gebälks
Glotzt eine starre Mauer.

Ach je! Was weiß von Pietät
Und Heimatschutz ein Bauer.
Der kennt nur seinen Marktverkehr
Und seine Dorfintressen.
Ich aber irre nun umher,
Verstoßen und vergessen,
Mit meinen Kindern durch die Welt,
Ob ich vielleicht am Ende
Für sie – ich denke ja nicht an mich –
Arbeit und Stellung fände.
Ansprüche, große, mache ich nicht,
Sei's eine hohle Eiche,
Ein Kirchhof, ein verwunschnes Schloss,
Es ist mir ganz das Gleiche,
Ich selber würde unterdes
Etwa bei Spiritisten
Als Klopfgeist oder Gabriel
Zunächst mein Leben fristen.
Es ist furchtbar schwierig heutzutag
Für körperlose Seelen!
Drum falls du jemals etwas weißt,
So möchte ich mich empfehlen.

Carl Spitteler

Die Bremer Stadtmusikanten

Ein Esel, schwach und hochbetagt,

ein Hund von Atemnot geplagt,

ein Katzentier mit stumpfem Zahn

und ein dem Topf entwichner Hahn,

die trafen sich von ungefähr

und rieten hin und rieten her,

was sie wohl unternähmen,

daß sie zu Nahrung kämen.

Ich Esel kann die Laute schlagen:

Ja plonga plonga plomm.

Ich Hund will's mit der Pauke wagen:

Rabau rabau rabomm.

Ich Katze kann den Bogen führen:

Miau miau mihie.

Ich Hahn will mit Gesang mich rühren:

Kokürikürikie.

So kamen sie denn überein,

sie wollten Musikanten sein

und könnten's wohl auf Erden

zuerst in Bremen werden.

Ja plonga plonga plomm.

Rabau rabau rabomm.

Miau miau mihie.

Kokürikürikie.

Die Sonne sank, der Wind ging kalt.

Sie zogen durch den dunklen Wald.

Da fanden sie ein Räuberhaus.

Das Licht schien in die Nacht hinaus.

Der Esel, der durchs Fenster sah,

wußt anfangs nicht, wie ihm geschah:

Ihr Kinder und ihr Leute,

was winkt uns da für Beute!

Den Fuß er leis ans Fenster stellte,

ja plonga plonga plomm,

der Hund auf seinen Rücken schnellte,

rabau rabau rabomm,

und auf den Hund die Katze wieder,

miau miau mihie,

zuoberst ließ der Hahn sich nieder,

kokürikürikie.

Das Räubervolk zu Tische saß,

man schrie und lachte, trank und aß.

Und plötzlich brach durchs Fenster

der Sturm der Nachtgespenster:

Ja plonga plonga plomm.

Rabau rabau rabomm.

Miau miau mihie.

Kokürikürikie.

So gräßlich waren Bild und Ton,
daß die Kumpane jäh entflohn.
Statt ihrer schmausten nun die Vier,
bezogen dann ihr Schlafquartier.
Ein Räuber doch mit schiefem Blick
schlich mitternachts ins Haus zurück,
um heimlich zu ergründen,
wie denn die Dinge stünden.

Mit eins war sein Gesicht zerrissen,
miau miau mihie,
sein linkes Bein mit eins zerbissen,
rabau rabau rabomm,
sein Leib getroffen von den Hufen,
ja plonga plonga plomm,
sein Herz erschreckt von wilden Rufen,
kokürikürikie.

Er lief und lief durchs Dickicht quer,
als käm der Teufel hinterher.
Da gab es bei den Tieren
ein großes Jubilieren:

Ja plonga plonga plomm.
Rabau rabau rabomm.
Miau miau mihie.
Kokürikürikie.

Manfred Hausmann

Die Brücke am Tay

»Wann treffen wir drei wieder zusamm'?«

»Um die siebente Stund', am Brückendamm.«

»Am Mittelpfeiler.«

»Ich lösch die Flamm'.«

»Ich mit.«

»Ich komme vom Norden her.«

»Und ich vom Süden.«

»Und ich vom Meer.«

»Hei, das gibt ein Ringelreihn,

und die Brücke muss in den Grund hinein.«

»Und der Zug, der in die Brücke tritt

um die siebente Stund'?«

»Ei, der muss mit.«

»Muss mit.«

»Tand, Tand

ist das Gebild von Menschenhand.«

Auf der Norderseite, das Brückenhaus –

alle Fenster sehen nach Süden aus,

und die Brücknersleut', ohne Rast und Ruh

und in Bangen sehen nach Süden zu,

sehen und warten, ob nicht ein Licht

übers Wasser hin »ich komme« spricht,

»ich komme, trotz Nacht und Sturmesflug,

ich, der Edinburger Zug.«

Und der Brückner jetzt: »Ich seh einen Schein

am andern Ufer. Das muss er sein.

Nun, Mutter, weg mit dem bangen Traum,

unser Johnie kommt und will seinen Baum,

und was noch am Baume von Lichtern ist,

zünd alles an wie zum heiligen Christ,

der will heuer zweimal mit uns sein –

und in elf Minuten ist er herein.«

Und es war der Zug. Am Süderturm

keucht er vorbei jetzt gegen den Sturm,

und Johnie spricht: »Die Brücke noch!

Aber was tut es, wir zwingen es doch.

Ein fester Kessel, ein doppelter Dampf,

die bleiben Sieger in solchem Kampf,

und wie's auch rast und ringt und rennt,

wir kriegen es unter: das Element.

Und unser Stolz ist unsre Brück';

ich lache, denk ich an früher zurück,

an all den Jammer und all die Not

mit dem elend alten Schifferboot;

wie manche liebe Christfestnacht

hab ich im Fährhaus zugebracht

und sah unsrer Fenster lichten Schein

und zählte und konnte nicht drüben sein.«

Auf der Norderseite, das Brückenhaus –

alle Fenster sehen nach Süden aus,

und die Brückersleut' ohne Rast und Ruh

und in Bangen sehen nach Süden zu;

denn wütender wurde der Winde Spiel,

und jetzt, als ob Feuer vom Himmel fiel,

erglüht es in niederschießender Pracht

überm Wasser unten … Und wieder ist Nacht.

»Wann treffen wir drei wieder zusamm'?«

»Um Mitternacht, am Bergeskamm.«

»Auf dem hohen Moor, am Erlenstamm.«

»Ich komme.«

»Ich mit.«

»Ich nenn euch die Zahl.«

»Und ich die Namen.«

»Und ich die Qual.«

»Hei! Wie Splitter brach das Gebälk entzwei.«

»Tand, Tand ist das Gebilde von Menschenhand.«

Theodor Fontane

Der Handschuh

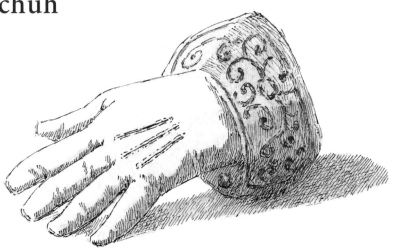

Vor seinem Löwengarten,

Das Kampfspiel zu erwarten,

Saß König Franz,

Und um ihn die Großen der Krone,

Und rings auf hohem Balkone

Die Damen in schönem Kranz.

Und wie er winkt mit dem Finger,

Auf tut sich der weite Zwinger,

Und hinein mit bedächtigem Schritt

Ein Löwe tritt

Und sieht sich stumm

Rings um,

Mit langem Gähnen,

Und schüttelt die Mähnen

Und streckt die Glieder

Und legt sich nieder.

Und der König winkt wieder,

Da öffnet sich behänd

Ein zweites Tor,

Daraus rennt

Mit wildem Sprunge

Ein Tiger hervor.

Wie der den Löwen erschaut,

Brüllt er laut,

Schlägt mit dem Schweif

Einen furchtbaren Reif

Und recket die Zunge,

Und im Kreise scheu

Umgeht er den Leu

Grimmig schnurrend,

Drauf streckt er sich murrend

Zur Seite nieder.

Und der König winkt wieder,

Da speit das doppelt geöffnete Haus

Zwei Leoparden auf einmal aus,

Die stürzen mit mutiger Kampfbegier

Auf das Tigertier,

Das packt sie mit seinen grimmigen Tatzen,

Und der Leu mit Gebrüll

Richtet sich auf, da wird's still,

Und herum im Kreis,

Von Mordsucht heiß,

Lagern sich die gräulichen Katzen.

Da fällt von des Altans Rand

Ein Handschuh von schöner Hand

Zwischen den Tiger und den Leu'n

Mitten hinein.

Und zu Ritter Delorges, spottenderweis,

Wendet sich Fräulein Kunigund:

»Herr Ritter, ist eure Lieb' so heiß,

Wie Ihr mir's schwört zu jeder Stund,

Ei, so hebt mir den Handschuh auf.«

Und der Ritter, in schnellem Lauf,

Steigt hinab in den furchtbar'n Zwinger

Mit festem Schritte,

Und aus der Ungeheuer Mitte

Nimmt er den Handschuh mit keckem Finger.

Und mit Erstaunen und mit Grauen

Sehen's die Ritter und Edelfrauen,

Und gelassen bringt er den Handschuh zurück.

Da schallt ihm sein Lob aus jedem Munde,

Aber mit zärtlichem Liebesblick –

Er verheißt ihm sein nahes Glück –

Empfängt ihn Fräulein Kunigunde.

Und er wirft ihr den Handschuh ins Gesicht:

»Den Dank, Dame, begehr ich nicht.«

Und verlässt sie zur selben Stunde.

Friedrich Schiller

Ballade vom Brennesselbusch

Liebe fragte Liebe: »Was ist noch nicht mein?«

Sprach zur Liebe Liebe: »Alles, alles dein!«

Liebe küsste Liebe: »Liebste, liebst du mich?«

Küsste Liebe Liebe: »Ewig, ewiglich!« – –

Hand in Hand hernieder stieg er mit Maleen

Von dem Heidehügel, wo die Nesseln stehn,

Eine Nessel brach er, gab er ihrer Hand,

Zu der Liebsten sprach er: »Uns brennt heißrer Brand!

Lippe glomm auf Lippe, bis die Lust zum Schmerz,

Bis der Atem stockte, brannte Herz an Herz,

Darum, wo nur Nesseln stehn am Straßenrand,

Woll'n wir daran denken, was uns heute band!« –

Spricht von Treu die Liebe, sagt sie »ewig« nur, –

Ach, die Treu am Mittag gilt nur bis zwölf Uhr,

Treue gilt am Abend, bis die Nacht begann –

Und doch weiß ich Herzen, die verbluten dran.

Krieg verschlug das Mädchen, wie ein Blatt verweht,

Das im Wind die Wege fremder Koppeln geht,

Und ihr lieber Liebster stieg zum Königsthron,

Eine Königstochter nahm der Königssohn. –

Sieben Jahre gingen, und die Nessel stand

Sieben Jahr an jedem deutschen Straßenrand,

Wer hat Treu gehalten? Gott alleine weiß,

Ob nicht wunde Treue brennet doppelt heiß!

Bei der Jagd im Walde stand mit schwerem Sinn,

Stand am Knick der König bei der Königin,

Nesselblatt zum Munde hob er wie gebannt,

Und die Lippe brannte, wie sie einst gebrannt:

»Brennettelbusch,

Brennettelbusch so kleene,

Wat steihst du so alleene!

Brennettelbusch,

Wo is myn Tyd eblewen,

Un wo is myn Maleen?«

»Sprichst du mit fremder Zunge?«, frug die Königin.

»So sang ich als Junge«, sprach er vor sich hin.

Heim sie ritten schweigend, Abend hing im Land, –

Seine Lippen brannten, wie sie einst gebrannt!

Durch den Garten streifte still die Königin,

Zu der Magd am Flusse trat sie heimlich hin,

Welche Wäsche spülte noch im Sternenlicht,

Tränen sahn die Sterne auf der Magd Gesicht:

»Brennettelbusch,

Brennettelbusch so kleene,

Wat steihst du so alleene!

Brennettelbusch,

Ik hev de Tyd 'eweten,

Dar was ik nich alleen!«

Sprach die Dame leise: »Sah ich dein Gesicht

Unter dem Gesinde? Nein, ich sah es nicht!«

Sprach das Mädchen leiser: »Konntest es nicht sehn,

Gestern bin ich kommen, und ich heiß Maleen!« –

Viele Wellen wallen weit ins graue Meer,

Eilig sind die Wellen, ihre Hände leer,

Eine schleicht so langsam mit den Schwestern hin,

Trägt in nassen Armen eine Königin. – –

Liebe fragte Liebe: »Sag, weshalb du weinst?«

Raunte Lieb zur Liebe: »Heut ist nicht mehr wie einst!«

Liebe klagte Liebe: »Ist's nicht wie vorher?«

Sprach zur Liebe Liebe: »Nimmer – nimmermehr.«

Börries Freiherr von Münchhausen

Herr von Ribbeck auf Ribbeck im Havelland

Herr von Ribbeck auf Ribbeck im Havelland,

Ein Birnbaum in seinem Garten stand,

Und kam die goldene Herbsteszeit

Und die Birnen leuchteten weit und breit,

Da stopfte, wenn's Mittag vom Turme scholl,

Der von Ribbeck sich beide Taschen voll,

Und kam in Pantinen ein Junge daher,

So rief er: »Junge, wiste 'ne Beer?«

Und kam ein Mädel, so rief er: »Lütt Dirn,

Kumm man röwer, ick hebb 'ne Birn.«

So ging es viel Jahre, bis lobesam

Der von Ribbeck auf Ribbeck zu sterben kam.

Er fühlte sein Ende. 's war Herbsteszeit,

Wieder lachten die Birnen weit und breit;

Da sagte von Ribbeck: »Ich scheide nun ab.

Legt mir eine Birne mit ins Grab.«

Und drei Tage drauf, aus dem Doppeldachhaus,

Trugen von Ribbeck sie hinaus,

Alle Bauern und Büdner mit Feiergesicht

Sangen »Jesus meine Zuversicht«,

Und die Kinder klagten, das Herze schwer:

»He is dod nu. Wer giwt uns nu 'ne Beer?«

So klagten die Kinder. Das war nicht recht –

Ach, sie kannten den alten Ribbeck schlecht;

Der neue freilich, der knausert und spart,

Hält Park und Birnbaum strenge verwahrt.

Aber der alte, vorahnend schon

Und voll Misstraun gegen den eigenen Sohn,

Der wusste genau, was damals er tat,

Als um eine Birn' ins Grab er bat,

Und im dritten Jahr aus dem stillen Haus

Ein Birnbaumsprössling sprosst heraus.

Und die Jahre gingen wohl auf und ab,

Längst wölbt sich ein Birnbaum über dem Grab,

Und in der goldenen Herbsteszeit

Leuchtet's wieder weit und breit.

Und kommt ein Jung' über'n Kirchhof her,

So flüstert's im Baume: »Wiste 'ne Beer?«

Und kommt ein Mädel, so flüstert's: »Lütt Dirn,

Kumm man röwer, ick gew' di 'ne Birn.«

So spendet Segen noch immer die Hand

Des von Ribbeck auf Ribbeck im Havelland.

Theodor Fontane

Die Füße im Feuer

Wild zuckt der Blitz. In fahlem Lichte steht ein Turm.

Der Donner rollt. Ein Reiter kämpft mit seinem Ross,

Springt ab und pocht ans Tor und lärmt. Sein Mantel saust

Im Wind. Er hält den scheuen Fuchs am Zügel fest.

Ein schmales Gitterfenster schimmert goldenhell

Und knarrend öffnet jetzt das Tor ein Edelmann …

»Ich bin ein Knecht des Königs, als Kurier geschickt

Nach Nîmes. Herbergt mich! Ihr kennt des Königs Rock!«

»Es stürmt. Mein Gast bist du. Dein Kleid, was kümmert's mich?

Tritt ein und wärme dich! Ich sorge für dein Tier!«

Der Reiter tritt in einen dunklen Ahnensaal,

Von eines weiten Herdes Feuer schwach erhellt,

Und je nach seines Flackerns launenhaftem Licht

Droht hier ein Hugenott im Harnisch, dort ein Weib,

Ein stolzes Edelweib aus braunem Ahnenbild …

Der Reiter wirft sich in den Sessel vor dem Herd

Und starrt in den lebend'gen Brand.

Er brütet, gafft …

Leis sträubt sich ihm das Haar.

Er kennt den Herd, den Saal …

Die Flamme zischt. Zwei Füße zucken in der Glut.

Den Abendtisch bestellt die greise Schaffnerin

Mit Linnen blendend weiß.

Das Edelmägdlein hilft.

Ein Knabe trug den Krug mit Wein.

Der Kinder Blick

Hangt schreckensstarr am Gast und hangt am Herd entsetzt …

Die Flamme zischt.

Zwei Füße zucken in der Glut.

»Verdammt! Dasselbe Wappen!

Dieser selbe Saal!

Drei Jahre sind's …

Auf einer Hugenottenjagd …

Ein fein, halsstarrig Weib …

›Wo steckt der Junker? Sprich!‹

Sie schweigt. ›Bekenn!‹

Sie schweigt. ›Gib ihn heraus!‹

Sie schweigt.

Ich werde wild.

D e r Stolz!

Ich zerre das Geschöpf …

Die nackten Füße pack ich ihr und strecke sie

Tief mitten in die Glut …

›Gib ihn heraus!‹ …

Sie schweigt …

Sie windet sich …

Sahst du das Wappen nicht am Tor?

Wer hieß dich hier zu Gaste gehen, dummer Narr?

Hat er nur einen Tropfen Bluts, erwürgt er dich.« –

Ein tritt der Edelmann.

»Du träumst! Zu Tische, Gast …«

Da sitzen sie.

Die drei in ihrer schwarzen Tracht

Und er.

Doch keins der Kinder spricht das Tischgebet.

Ihn starren sie mit aufgeriss'nen Augen an –

Den Becher füllt und übergießt er, stürzt den Trunk,

Springt auf: »Herr, gebet jetzt mir meine Lagerstatt!

Müd bin ich wie ein Hund!«

Ein Diener leuchtet ihm,

Doch auf der Schwelle wirft er einen Blick zurück

Und sieht den Knaben flüstern in des Vaters Ohr …

Dem Diener folgt er taumelnd in das Turmgemach.

Fest riegelt er die Tür.

Er prüft Pistol' und Schwert.

Gell pfeift der Sturm.

Die Diele bebt.

Die Decke stöhnt.

Die Treppe kracht …

Dröhnt hier ein Tritt?

Schleicht dort ein Schritt? …

Ihn täuscht das Ohr.

Vorüber wandelt Mitternacht.

Auf seinen Lidern lastet Blei, und schlummernd sinkt

Er auf das Lager.

Draußen plätschert Regenflut.

Er träumt. ›Gesteh!‹

Sie schweigt.

›Gib ihn heraus!‹

Sie schweigt.

Er zerrt das Weib.

Zwei Füße zucken in der Glut.

Auf sprüht und zischt ein Feuermeer, das ihn verschlingt … –

»Erwach! Du solltest längst von hinnen sein!

Es tagt!«

Durch die Tapetentür in das Gemach gelangt,

Vor seinem Lager steht des Schlosses Herr –

Ergraut,

Dem gestern dunkelbraun sich noch gekraust das Haar.

Sie reiten durch den Wald.

Kein Lüftchen regt sich heut.

Zersplittert liegen Ästetrümmer quer im Pfad.

Die frühsten Vöglein zwitschern, halb im Traume noch.

Friedsel'ge Wolken schimmern durch die klare Luft,

Als kehrten Engel heim von einer nächt'gen Wacht.

Die dunklen Schollen atmen kräft'gen Erdgeruch.

Die Ebne öffnet sich.

Im Felde geht ein Pflug.

Der Reiter lauert aus den Augenwinkeln:

»Herr,

Ihr seid ein kluger Mann und voll Besonnenheit

Und wisst, dass ich dem größten König eigen bin.

Lebt wohl! Auf Nimmerwiedersehn!«

Der andre spricht:

»Du sagst's!

Dem größten König eigen!

Heute ward

Sein Dienst mir schwer …

Gemordet hast du teuflisch mir

Mein Weib! Und lebst …

Mein ist die Rache, redet Gott.«

Conrad Ferdinand Meyer

Die Sonne bringt es an den Tag

Gemächlich in der Werkstatt saß
Zum Frühtrunk Meister Nikolas,
Die junge Hausfrau schenkt' ihm ein,
Es war im heitern Sonnenschein. –
Die Sonne bringt es an den Tag.

Die Sonne blinkt von der Schale Rand,
Malt zitternde Kringeln an die Wand,
Und wie den Schein er ins Auge fasst,
So spricht er für sich, indem er erblasst:
»Du bringst es doch nicht an den Tag.« –

»Wer nicht? Was nicht?«, die Frau fragt gleich,
»Was stierst du so an? Was wirst du so bleich?«
Und er darauf: »Sei still, nur still!
Ich's doch nicht sagen kann noch will.
Die Sonne bringt's nicht an den Tag.«

Die Frau nur dringender forscht und fragt,
Mit Schmeicheln ihn und Hadern plagt,
Mit süßem und mit bitterm Wort;
Sie fragt und plagt ihn Ort und Ort:
»Was bringt die Sonne nicht an den Tag?«

»Nein nimmermehr!« – »Du sagst es mir noch.«

»Ich sag es nicht.« – »Du sagst es mir doch.«

Da ward zuletzt er müd und schwach

Und gab der Ungestümen nach. –

Die Sonne bringt es an den Tag.

»Auf der Wanderschaft, 's sind zwanzig Jahr,

Da traf es mich einst gar sonderbar.

Ich hatt' nicht Geld, nicht Ranzen noch Schuh,

War hungrig und durstig und zornig dazu. –

Die Sonne bringt's nicht an den Tag.

Da kam mir just ein Jud in die Quer,

Ringsher war's still und menschenleer,

›Du hilfst mir, Hund, aus meiner Not!

Den Beutel her, sonst schlag ich dich tot!‹

Die Sonne bringt's nicht an den Tag.

Und er: ›Vergieße nicht mein Blut,

Acht Pfennige sind mein ganzes Gut!‹

Ich glaubt ihm nicht und fiel ihn an;

Er war ein alter, schwacher Mann –

Die Sonne bringt's nicht an den Tag.

So rücklings lag er blutend da;

Sein brechendes Aug in die Sonne sah;

Noch hob er zuckend die Hand empor,

Noch schrie er röchelnd mir ins Ohr.

›Die Sonne bringt es an den Tag!‹

Ich macht ihn schnell noch vollends stumm

Und kehrt ihm die Taschen um und um:

Acht Pfenn'ge, das war das ganze Geld.

Ich scharrt ihn ein auf selbigem Feld –

Die Sonne bringt's nicht an den Tag.

Dann zog ich weit und weiter hinaus,

Kam hier ins Land, bin jetzt zu Haus. –

Du weißt nun meine Heimlichkeit,

So halte den Mund und sei gescheit!

Die Sonne bringt's nicht an den Tag.

Wann aber sie so flimmernd scheint,

Ich merk es wohl, was sie da meint,

Wie sie sich müht und sich erbost, –

Du, schau nicht hin und sei getrost:

Sie bringt es doch nicht an den Tag.«

So hatte die Sonn eine Zunge nun,

Der Frauen Zungen ja nimmer ruhn. –

»Gevatterin, um Jesus Christ!

Lasst Euch nicht merken, was Ihr nun wisst!« –

Nun bringt's die Sonne an den Tag.

Die Raben ziehen krächzend zumal

Nach dem Hochgericht, zu halten ihr Mahl.

Wen flechten sie aufs Rad zur Stund?

Was hat er getan? Wie ward es kund?

Die Sonne bracht es an den Tag.

Adelbert von Chamisso

Erlkönig

Wer reitet so spät durch Nacht und Wind?

Es ist der Vater mit seinem Kind;

Er hat den Knaben wohl in dem Arm,

Er fasst ihn sicher, er hält ihn warm.

Mein Sohn, was birgst du so bang dein Gesicht? –

Siehst, Vater, du den Erlkönig nicht?

Den Erlkönig mit Kron' und Schweif? –

Mein Sohn, es ist ein Nebelstreif.

»Du liebes Kind, komm, geh mit mir!

Gar schöne Spiele spiel ich mit dir;

Manch bunte Blumen sind an dem Strand,

Meine Mutter hat manch gülden Gewand.«

Mein Vater, mein Vater, und hörest du nicht,

was Erlenkönig mir leise verspricht? –

Sei ruhig, bleibe ruhig, mein Kind:

In dürren Blättern säuselt der Wind.

»Willst, feiner Knabe, du mit mir gehn?

Meine Töchter sollen dich warten schön;

Meine Töchter führen den nächtlichen Reihn,

Und wiegen und tanzen und singen dich ein.«

Mein Vater, mein Vater, und siehst du nicht dort

Erlkönigs Töchter am düstern Ort? –

Mein Sohn, mein Sohn, ich seh es genau:

Es scheinen die alten Weiden so grau. –

»Ich liebe dich, mich reizt deine schöne Gestalt;

Und bist du nicht willig, so brauch ich Gewalt.«

Mein Vater, mein Vater, jetzt fasst er mich an!

Erlkönig hat mir ein Leids getan! –

Dem Vater grauset's, er reitet geschwind,

Er hält in den Armen das ächzende Kind,

Erreicht den Hof mit Mühe und Not;

In seinen Armen das Kind war tot.

Johann Wolfgang von Goethe

Die Bürgschaft

Zu Dionys dem Tyrannen schlich

Möros, den Dolch im Gewande,

Ihn schlugen die Häscher in Bande.

Was wolltest du mit dem Dolche? Sprich!,

Entgegnet ihm finster der Wüterich.

»Die Stadt vom Tyrannen befreien!«

Das sollst du am Kreuze bereuen.

»Ich bin, spricht jener, zu sterben bereit

Und bitte nicht um mein Leben,

Doch willst du Gnade mir geben,

Ich flehe dich um drei Tage Zeit,

Bis ich die Schwester dem Gatten gefreit.

Ich lasse den Freund dir als Bürgen,

Ihn magst du, entrinn' ich, erwürgen.«

Da lächelt der König mit arger List,

Und spricht nach kurzem Bedenken:

Drei Tage will ich dir schenken;

Doch wisse, wenn sie verstrichen, die Frist,

Eh du zurück mir gegeben bist,

So muss er statt deiner erblassen,

Doch dir ist die Strafe erlassen.

Und er kommt zum Freunde: »Der König gebeut,

Dass ich am Kreuz mit dem Leben

Bezahle das frevelnde Streben.

Doch will er mir gönnen drei Tage Zeit,

Bis ich die Schwester dem Gatten gefreit,

So bleib du dem König zum Pfande,

Bis ich komme, zu lösen die Bande.«

Und schweigend umarmt ihn der treue Freund

Und liefert sich aus dem Tyrannen,

Der andere ziehet von dannen.

Und ehe das dritte Morgenrot scheint,

Hat er schnell mit dem Gatten die Schwester vereint,

Eilt heim mit sorgender Seele,

Damit er die Frist nicht verfehle.

Da gießt unendlicher Regen herab,

Von den Bergen stürzen die Quellen,

Und die Bäche, die Ströme schwellen.

Und er kommt ans Ufer mit wanderndem Stab,

Da reißet die Brücke der Strudel herab,

Und donnernd sprengen die Wogen

Des Gewölbes krachenden Bogen.

Und trostlos irrt er an Ufers Rand:

Wie weit er auch spähet und blicket

Und die Stimme, die rufende, schicket.

Da stößet kein Nachen vom sichern Strand,

Der ihn setze an das gewünschte Land,

Kein Schiffer lenket die Fähre,

Und der wilde Strom wird zum Meere.

Da sinkt er ans Ufer und weint und fleht,

Die Hände zum Zeus erhoben:

»O hemme des Stromes Toben!

Es eilen die Stunden, im Mittag steht

Die Sonne, und wenn sie niedergeht

Und ich kann die Stadt nicht erreichen,

So muss der Freund mir erbleichen.«

Doch wachsend erneut sich des Stromes Wut,

Und Welle auf Welle zerrinnet,

Und Stunde an Stunde entrinnet.

Da treibt ihn die Angst, da fasst er sich Mut

Und wirft sich hinein in die brausende Flut

Und teilt mit gewaltigen Armen

Den Strom, und ein Gott hat Erbarmen.

Und gewinnt das Ufer und eilet fort
Und danket dem rettenden Gotte,
Da stürzet die raubende Rotte
Hervor aus des Waldes nächtlichem Ort,
Den Pfad ihm sperrend, und schnaubet Mord
Und hemmet des Wanderers Eile
Mit drohend geschwungener Keule.

»Was wollt ihr?«, ruft er vor Schrecken bleich,
»Ich habe nichts als mein Leben,
Das muss ich dem Könige geben!«
Und entreißt die Keule dem Nächsten gleich:
»Um des Freundes willen erbarmet euch!«
Und drei mit gewaltigen Streichen
Erlegt er, die andern entweichen.

Und die Sonne versendet glühenden Brand,
Und von der unendlichen Mühe
Ermattet sinken die Knie.
»O hast du mich gnädig aus Räubershand,
Aus dem Strom mich gerettet ans heilige Land,
Und soll hier verschmachtend verderben
Und der Freund mir, der liebende, sterben!«

Und horch! Da sprudelt es silberhell,

Ganz nahe, wie rieselndes Rauschen,

Und stille hält er, zu lauschen;

Und sieh, aus dem Felsen, geschwätzig, schnell,

Springt murmelnd hervor ein lebendiger Quell,

Und freudig bückt er sich nieder

Und erfrischet die brennenden Glieder.

Und die Sonne blickt durch der Zweige Grün

Und malt auf den glänzenden Matten

Der Bäume gigantische Schatten;

Und zwei Wanderer sieht er die Straße ziehn,

Will eilenden Laufes vorüberfliehn,

Da hört er die Worte sie sagen:

Jetzt wird er ans Kreuz geschlagen.

Und die Angst beflügelt den eilenden Fuß,

Ihn jagen der Sorge Qualen,

Da schimmern in Abendrots Strahlen

Von ferne die Zinnen von Syrakus,

Und entgegen kommt ihm Philostratus,

Des Hauses redlicher Hüter,

Der erkennet entsetzt den Gebieter:

Zurück! Du rettest den Freund nicht mehr,

So rette das eigene Leben!

Den Tod erleidet er eben.

Von Stunde zu Stunde gewartet' er

Mit hoffender Seele der Wiederkehr,

Ihm konnte den mutigen Glauben

Der Hohn des Tyrannen nicht rauben.«

»Und ist es zu spät, und kann ich ihm nicht,

Ein Retter, willkommen erscheinen,

So soll mich der Tod ihm vereinen.

Des rühme der blut'ge Tyrann sich nicht,

Dass der Freund dem Freunde gebrochen die Pflicht,

Er schlachte der Opfer zweie

Und glaube an Liebe und Treue!«

Und die Sonne geht unter, da steht er am Tor

Und sieht das Kreuz schon erhöhet,

Das die Menge gaffend umstehet,

An dem Seile schon zieht man den Freund empor,

Da zertrennt er gewaltig den dichten Chor:

»Mich, Henker«, ruft er, »erwürget!

Da bin ich, für den er gebürget!«

Und Erstaunen ergreifet das Volk umher,

In den Armen liegen sich beide

Und weinen vor Schmerzen und Freude.

Da sieht man kein Augen tränenleer,

Und zum Könige bringt man die Wundermär,

Der fühlt ein menschliches Rühren,

Lässt schnell vor den Thron sie führen.

Und blicket sie lange verwundert an.

Drauf spricht er: »Es ist euch gelungen,

Ihr habt das Herz mir bezwungen,

Und die Treue, sie ist doch kein leerer Wahn,

So nehmet auch mich zum Genossen an,

Ich sei, gewährt mir die Bitte,

In eurem Bunde der Dritte!«

Friedrich Schiller

Heimkehr des Gefangenen

Wie hab ich euch gesucht,

bis ich euch dann gefunden.

Auch ihr habt erst nach langer Flucht,

gequält, gefoltert und geschunden,

die vielgeschlungne Straße heimgefunden.

Ich sah das Haus, ein unzerstörtes Bild,

die blau gestrich'ne Tür, das gelbe Messingschild.

Ich stand vor einem – meinem Tor

und drückte einen kleinen Knopf,

wie Brandung schrie das Blut in meinem Ohr.

Ich senkte zitternd meinen Kopf.

Wer tritt hervor? Wer tritt hervor?

Der Glocke Laut war wie Gesang,

der rief und drang

von mir

zu dir.

Die Tür ging auf …

Ging leise, leise, leise auf …

Du gnadenvoller Schicksalslauf!

O Trennungsleid und Wundermär,

aus Heimweh wurde Wiederkehr.

Erich Lüth

Die Loreley

Ich weiß nicht, was soll es bedeuten,
Dass ich so traurig bin,
Ein Märchen aus uralten Zeiten,
Das kommt mir nicht aus dem Sinn.
Die Luft ist kühl und es dunkelt,
Und ruhig fließt der Rhein;
Der Gipfel des Berges funkelt
Im Abendsonnenschein.

Die schönste Jungfrau sitzet
Dort oben wunderbar,
Ihr goldnes Geschmeide blitzet,
Sie kämmt ihr goldenes Haar,
Sie kämmt es mit goldenem Kamme
Und singt ein Lied dabei;
Das hat eine wundersame,
Gewalt'ge Melodei.

Den Schiffer im kleinen Schiffe
Ergreift es mit wildem Weh;
Er schaut nicht die Felsenriffe,
Er schaut nur hinauf in die Höh'.
Ich glaube, die Wellen verschlingen
Am Ende Schiffer und Kahn,
Und das hat mit ihrem Singen
Die Loreley getan.

Heinrich Heine

Der Zauberlehrling

Hat der alte Hexenmeister
Sich doch einmal wegbegeben!
Und nun sollen seine Geister
Auch nach meinem Willen leben.
Seine Wort' und Werke
Merkt ich und den Brauch,
Und mit Geistesstärke
Tu ich Wunder auch.

Walle! walle
Manche Strecke,
Dass, zum Zwecke,
Wasser fließe
Und mit reichem, vollem Schwalle
Zu dem Bade sich ergieße.

Und nun komm, du alter Besen!
Nimm die schlechten Lumpenhüllen;
Bist schon lange Knecht gewesen:
Nun erfülle meinen Willen!
Auf zwei Beinen stehe,
Oben sei ein Kopf,
Eile nun und gehe
Mit dem Wassertopf!

Walle! walle
Manche Strecke,
Dass, zum Zwecke,
Wasser fließe
Und mit reichem, vollem Schwalle
Zu dem Bade sich ergieße.

Seht, er läuft zum Ufer nieder,
Wahrlich! ist schon an dem Flusse,
Und mit Blitzesschnelle wieder
Ist er hier mit raschem Gusse.
Schon zum zweiten Male!
Wie das Becken schwillt!
Wie sich jede Schale
Voll mit Wasser füllt!

Stehe! stehe!
Denn wir haben
Deiner Gaben
Vollgemessen! –
Ach, ich merk es! Wehe! wehe!
Hab ich doch das Wort vergessen!

Ach, das Wort, worauf am Ende
Er das wird, was er gewesen.
Ach, er läuft und bringt behände!
Wärst du doch der alte Besen!
Immer neue Güsse
Bringt er schnell herein,
Ach! und hundert Flüsse
Stürzen auf mich ein.

Nein, nicht länger
Kann ich's lassen;
Will ihn fassen.
Das ist Tücke!
Ach! nun wird mir immer bänger!
Welche Miene! welche Blicke!

O, du Ausgeburt der Hölle!
Soll das ganze Haus ersaufen?
Seh ich über jede Schwelle
Doch schon Wasserströme laufen.
Ein verruchter Besen,
Der nicht hören will!
Stock, der du gewesen,
Steh doch wieder still!

Willst's am Ende
Gar nicht lassen?
Will dich fassen,
Will dich halten
Und das alte Holz behände
Mit dem scharfen Beile spalten.

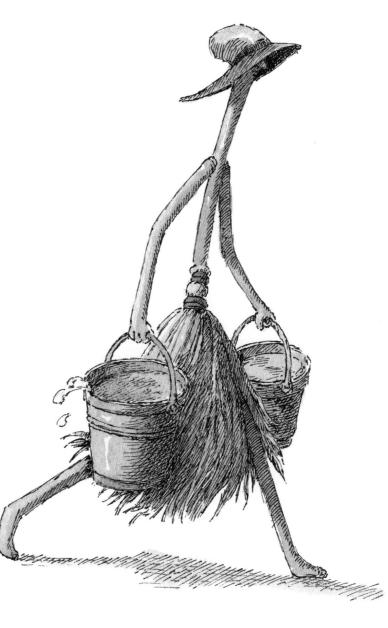

Seht, da kommt er schleppend wieder!

Wie ich mich nur auf dich werfe,

Gleich, o Kobold, liegst du nieder;

Krachend trifft die glatte Schärfe.

Wahrlich! brav getroffen!

Seht, er ist entzwei!

Und nun kann ich hoffen,

Und ich atme frei!

Wehe! wehe!

Beide Teile

Stehn in Eile

Schon als Knechte

Völlig fertig in die Höhe!

Helft mir, ach! ihr hohen Mächte!

Und sie laufen!

Nass und nässer

Wird's im Saal und auf den Stufen.

Welch entsetzliches Gewässer!

Herr und Meister! hör mich rufen! –

Ach, da kommt der Meister!

Herr, die Not ist groß!

Die ich rief, die Geister

Werd ich nun nicht los.

»In die Ecke,

Besen! Besen!

Seid's gewesen.

Denn als Geister

Ruft euch nur, zu seinem Zwecke,

Erst hervor der alte Meister.«

Johann Wolfgang von Goethe

Der Rattenfänger

Zu Hameln fechten Mäus' und Ratzen

Am hellen Tage mit den Katzen;

Der Hungertod ist vor der Tür:

Was tut der weise Rat dafür?

Im ganzen Land macht er's bekannt:

Wer von den Räubern

Die Stadt kann säubern,

Des Bürgermeisters Töchterlein,

Die soll zum Lohn sein Eigen sein.

Am dritten Tage hört man's klingen,

Wie wenn im Lenz die Schwalben singen.

Der Rattenfänger zieht heran:

O seht den bunten Jägersmann!

Er blickt so wild

Und singt so mild:

Die Ratten laufen

Ihm zu in Haufen,

Er lockt sie nach mit Wunderschall,

Ertränkt sie in der Weser all.

Die Bürger nach den Kirchen wallen,

Zum Dankgebet die Glocken schallen:

Des Bürgermeisters Töchterlein

Muss nun des Rattenfängers sein.

Der Vater spricht:

»Ich duld' es nicht!

So hoher Ehren

Mag ich entbehren:

Mit Sang und Flötenspiel gewinnt

Man keines Bürgermeisters Kind.«

In seinem bunten Jägerstaate

Erscheint der Spielmann vor dem Rate:

Sie sprechen all aus einem Ton

Und weigern den bedung'nen Lohn:

»Das Mägdelein?

Es kann nicht sein.

Herr Rattenfänger,

Müht Euch nicht länger!

Eu'r Flötenspiel ist eitel Dunst

Und kam wohl von des Satans Kunst.«

Am andern Morgen hört man's klingen,

Wie wenn die Nachtigallen singen,

Ein Flöten und ein Liedersang,

So süß vertraut, so liebebang.

Da zieht heran

Der Jägersmann,

Der Rattenfänger,

Der Wundersänger,

Und Kinder, Knaben, Mägdelein,

In hellen Scharen hinterdrein.

Und hold und holder hört man's klingen,
Wie wenn die lieben Englein singen,
Und vor des Bürgermeisters Tür,
Da tritt sein einzig Kind herfür:
Das Mägdelein
Muss in den Reihn;
Die Mäuschen laufen
Ihm zu in Haufen:
Er lockt sie nach mit Wunderschall
Und nach der Weser ziehn all.

Die Eltern liefen nach den Toren,
Doch jede Spur war schon verloren:
Kein Eckart hatte sie gewarnt,
Des Jägers Netz hält sie umgarnt.
Zwei kehrten um,
Eins blind, eins stumm:
Aus ihrem Munde
Kommt keine Kunde.
Da hob der Mütter Jammern an:
So rächte sich der Wundermann.

Karl Simrock

Bettlerballade

Prinz Bertrait bewirtet Veronas Bettlerschaft
Mit Weizenbrot und Kuchen und edlem Traubensaft.
Gebeten ist ein jeder, der sich mit Lumpen deckt,
Der, heischend auf den Brücken der Etsch,
Die Rechte reckt.

Auf edlen Marmorsesseln im Saale thronen sie,

Durch Riss und Löcher gucken Ellbogen, Zeh und Knie.

Nicht nach Geburt und Würden, sie sitzen grell gemischt;

Jetzt werden noch die Hasen und Hühner aufgetischt.

Der tastet nach dem Becher. Er durstet und ist blind.

Den Krüppel ohne Arme bedient ein frommes Kind.

Ein reizend stumpfes Näschen guckt unter struppgem Schopf;

Mit wildem Mosesbarte prahlt ein Charakterkopf.

Die Herzen sind gesättigt. Beginne, Musica!

Ein Dudelsack, ein Hackbrett und Geig und Harf ist da.

Der Prinz, noch schier ein Knabe, wie Gottes Engel schön,

Erhebt den vollen Becher und singt durch das Getön:

»Mit frisch gepflückten Rosen bekrön ich mir das Haupt,

Des Reiches eh'rne Krone hat mir der Ohm geraubt.

Er ließ mir Tag und Sonne! Mein übrig Gut ist klein!

So will ich mit den Armen als Armer fröhlich sein!«

Ein Bettler stürzt ins Zimmer. »Grumell, wo kommst du her?«

Der Schreckensbleiche stammelt: »Ich lauscht von ungefähr,

Gebettet an der Hofburg … dein Ohm schickt Mörder aus,

Nimm meinen braunen Mantel!«

Erzschritt umdröhnt das Haus.

»Drück in die Stirn den Hut dir! Er schattet tief! Geschwind!

Da hast du meinen Stecken! Entspring, geliebtes Kind!«

Die Mörder nahen klirrend. Ein Bettler schleicht davon.

»Wer bist du? Zeig das Antlitz!«

Gehobne Dolche drohn.

»Lass ihn! Es ist Grumello! Ich kenn das Loch im Hut!

Ich kenn den Riss im Ärmel! Wir opfern edler Blut!«

Sie spähen durch die Hallen und suchen Bertrait,

der unter dunkelm Mantel dem dunklen Tod entflieht.

Er fuhr in fremde Länder und ward darob zum Mann.

Er kehrte heim gepanzert. Den Ohm erschlug er dann.

Verona nahm er stürmend in rotem Feuerschein.

Am Abend lud der König Veronas Bettler ein.

Conrad Ferdinand Meyer

Die Entwicklung der Menschheit

Einst haben die Kerls auf den Bäumen gehockt,
behaart und mit böser Visage.
Dann hat man sie aus dem Urwald gelockt
und die Welt asphaltiert und aufgestockt,
bis zur dreißigsten Etage.

Da saßen sie nun, den Flöhen entflohn,
in zentralgeheizten Räumen.
Da sitzen sie nun am Telefon.
Und es herrscht noch genau derselbe Ton
wie seinerzeit auf den Bäumen.

Sie hören weit. Sie sehen fern.
Sie sind mit dem Weltall in Fühlung.
Sie putzen die Zähne. Sie atmen modern.
Die Erde ist ein gebildeter Stern
mit sehr viel Wasserspülung.

Sie schießen die Briefschaften durch ein Rohr.
Sie jagen und züchten Mikroben.
Sie versehn die Natur mit allem Komfort.
Sie fliegen steil in den Himmel empor
und bleiben zwei Wochen oben.

Was ihre Verdauung übrig lässt,

das verarbeiten sie zu Watte.

Sie spalten Atome. Sie heilen Inzest.

Und sie stellen durch Stiluntersuchungen fest,

dass Cäsar Plattfüße hatte.

So haben sie mit dem Kopf und dem Mund

den Fortschritt der Menschheit geschaffen.

Doch davon mal abgesehen und

bei Lichte betrachtet sind sie im Grund

noch immer die alten Affen.

Erich Kästner

Chronologisches Inhaltsverzeichnis

Alphabetisches Verzeichnis

Quellenverzeichnis

Herman R. Beck: Der eiskalte Riese Schroch
Aus: AIPOTU, Text und Idee von Herman R. Beck,
Linolschnitte von Axel Hertenstein, Privatdruck,
300 nummerierte Exemplare, beckpresse, 1966.
© 2014 Ulrike Fend, Engelsbrand

Werner Bergengruen: Der Kobold
© 2014 Dr. Luise Hackelsberger,
Werner Bergengruen-Archiv
Erstabdruck 1936 im Verlag »Die Rabenpress«
in dem Lyrikband »Die Rose von Jericho«

Bertolt Brecht: Legende von der Entstehung des Buches
Taoteking auf dem Weg des Laotse in die Emigration
Aus: ders., Werke. Große kommentierte Berliner und
Frankfurter Ausgabe, Band 12: Gedichte 2
© Bertolt-Brecht-Erben/Suhrkamp Verlag 1988

Michael Ende: Der Lindwurm und der Schmetterling
© 1981 Thienemann-Esslinger Verlag GmbH, Stuttgart

Karlhans Frank: Petermännchen
© 2014 Gerlinde Rabenstein

Franz Fühmann: Lob des Ungehorsams
© Hinstorff Verlag GmbH, Rostock, 1. Auflage 2013

Josef Guggenmos: Begegnung
Aus: ders., Ich will dir was verraten
© 1990 Beltz & Gelberg in der Verlagsgruppe Beltz,
Weinheim/Basel

Josef Guggenmos: Das große, kecke Zeitungsblatt
Aus: ders., Oh, Verzeihung, sagte die Ameise
© 1990 Beltz & Gelberg in der Verlagsgruppe Beltz,
Weinheim/Basel

Josef Guggenmos: Ein Elefant marschiert durchs Land
Aus: ders., Groß ist die Welt
© 2006 Beltz & Gelberg in der Verlagsgruppe Beltz,
Weinheim/Basel

Peter Hacks: Ladislaus und Komkarlinchen
Aus: ders., Der Flohmarkt
© Eulenspiegel Verlag, Berlin 2001

Peter Hacks: Nachricht vom Leben der Spazoren
Aus: ders., Der Flohmarkt
© Eulenspiegel Verlag, Berlin 2001

Hans Adolf Halbey: Der Heuschreck
© Erben Hans A. Halbey Gbr.

Peter Härtling: Der letzte Elefant
Aus: Hans-Joachim Gelberg (Hrsg.),
Überall und neben dir
© 1986, 2010 Beltz & Gelberg
in der Verlagsgruppe Beltz, Weinheim/Basel

Manfred Hausmann: Die Bremer Stadtmusikanten
Aus: ders., Unterwegs. Altmodische Liebe. Bittersüß aus
dunklem Krug. Gedichte aus den Jahren 1947–1982
© S. Fischer Verlag GmbH, Frankfurt am Main 1983

Hanna Johansen: Das Sonntagshuhn
© 1995 Hanna Johansen

Erich Kästner: Die Entwicklung der Menschheit
Aus: ders., Gesang zwischen den Stühlen
© Atrium Verlag, Zürich, und Thomas Kästner

Erich Kästner: Fauler Zauber
Aus: ders., Das Schwein beim Friseur
© Atrium Verlag, Zürich, und Thomas Kästner

James Krüss: Das Königreich von Nirgendwo
Aus: ders., Mein Urgroßvater und ich
© Verlag Friedrich Oetinger, Hamburg 2009
ISBN 978-3-7891-4043-3

James Krüss: Der Zauberer Korinthe
Aus: ders., Mein Urgroßvater und ich
© Verlag Friedrich Oetinger, Hamburg 2009
ISBN 978-3-7891-4043-3

James Krüss: Die Biene Liane
Aus: ders., James' Tierleben
© Carlsen Verlag GmbH, Hamburg 2003

Verzeichnis der Autoren

Ernst Moritz Arndt (1769–1860) war ein deutscher Schriftsteller. Er wird als einer der bekanntesten Lyriker der Epoche der Freiheitskriege angesehen. Zu seinem Werk zählen antinapoleonische und patriotische Lieder und Kampfschriften.

Herman R. Beck (1921–2005) arbeitete nach einer Lehre zum Kupferstecher als selbstständiger Grafiker und war bis zum Pensionsalter Geschäftsführer einer Werbeagentur. Neben seiner grafischen Tätigkeit war das Schreiben von Gedichten eine große Passion Herman R. Becks. In seinem eigenen, in den 1960er-Jahren gegründeten Verlag »beckpresse«, veröffentlichte er bibliophile Gedichtbände in nummerierten Auflagen, die von Pforzheimer Künstlern ausgestattet wurden.

Werner Bergengruen (1892–1964) war ein deutscher Schriftsteller. Er schrieb viele Romane und Erzählungen. Zu seinen bekanntesten Werken gehört der Roman *Der Großtyrann und das Gericht*.

Bertolt Brecht (1898–1956) war einer der bedeutendsten Lyriker und Dramatiker des 20. Jahrhunderts. Als Theatertheoretiker prägte er den Begriff des *epischen Theaters*. Zusammen mit Helene Weigel gründete Brecht 1949 das *Berliner Ensemble*. Das gleichnamige Theater besteht seit 1954.

Wilhelm Busch (1832–1908) war Dichter und Humorist. Bekannt wurde er vor allem mit seinen satirischen Bildergeschichten, zum Beispiel *Max und Moritz*.

Adelbert von Chamisso (1781–1838) war Naturforscher und Dichter. Neben seinen Studien als Naturforscher war er auch als Erzähler und Lyriker tätig. Die Märchenerzählung *Peter Schlemihls wundersame Geschichte* gilt als eines seiner bekanntesten Werke.

Matthias Claudius (1740–1815) war Dichter und Journalist. Seine Gedichte veröffentlichte er häufig unter dem Pseudonym Asmus. Er schrieb unter anderem das Abendlied *Der Mond ist aufgegangen*, das vor allem in der Vertonung von Johann Abraham Peter Schulz bekannt wurde.

Annette von Droste-Hülshoff (1797–1848) gilt als eine der bedeutendsten Dichterinnen Deutschlands. Berühmtheit erlangte sie vor allem durch ihre Novelle *Die Judenbuche* und ihre Naturlyrik.

Michael Ende (1929–1995) wurde durch zahlreiche Kinder- und Jugendbücher wie *Jim Knopf und Lukas der Lokomotivführer*, *Momo* und *Die unendliche Geschichte* bekannt. Seine Werke wurden in über 40 Sprachen übersetzt und mehrfach ausgezeichnet.

Otto Ernst (1862–1926) war ein deutscher Dichter und Schriftsteller. Er war als Lehrer tätig und arbeitete daneben als freier Schriftsteller, Bühnenautor und Vortragskünstler. 1905 erschien die Geschichte *Appelschnut*, die noch heute bekannt ist.

Theodor Fontane (1819–1898) gilt als bedeutendster Vertreter des poetischen Realismus. Er arbeitete zunächst einige Jahre als Apotheker, gab diesen Beruf jedoch auf und wurde freier Journalist und Schriftsteller. Zu seinen bekanntesten Werken zählen die Romane *Effi Briest* und *Der Stechlin* sowie seine *Wanderungen durch die Mark Brandenburg*.

Karlhans Frank (1937–2007) war als freier Schriftsteller, Regisseur und Übersetzer tätig. Neben Lyrik und Prosa verfasste er Drehbücher, Hörspiele und Schullesebücher.

Alwin Freudenberg (1873–1930) war Schriftsteller und Pädagoge, der vor allem als Literaturpädagoge tätig war. Er verfasste eine Vielzahl von Kinder- und Jugendbüchern, Gedichten und Liedern.

Franz Fühmann (1922–1984) war Essayist, Kinderbuchautor und (Nach-)Erzähler. Er verfasste unter anderem Märchen, Kasperlstücke, Sprachspiele und Nacherzählungen von klassischen literarischen Stoffen und Sagen. Aus dem engen Kontakt zu seinen Kinder-Lesern entstanden zudem zahlreiche Auftragswerke, sogenannte *Märchen auf Bestellung*.

Johann Wilhelm Ludwig Gleim (1719–1803) war ein Dichter der Aufklärung. Sein bekanntestes Werk sind die *Preußischen Kriegslieder in den Feldzügen 1756 und 1757 von einem Grenadier*, die er zu Beginn des Siebenjährigen Krieges für Friedrich II. schrieb. Während seiner Arbeit als Domsekretär in Halberstadt gründete er zur Förderung junger Schriftsteller den *Halberstädter Dichterkreis*.

Johann Wolfgang von Goethe (1749–1832) zählt zu den bekanntesten deutschen Dichtern. Er gilt mit Friedrich Schiller als wichtigster Vertreter des Sturm und Drang sowie der späteren Weimarer Klassik. Besonders sein Roman *Die Leiden des jungen Werthers* und das Drama *Faust* machten ihn in ganz Europa berühmt.

Josef Guggenmos (1922–2003) war ein deutscher Schriftsteller, der zahlreiche Gedichte, Haiku, Geschichten und naturkundliche Bücher für Kinder und Erwachsene verfasste. Für sein Gesamtwerk erhielt er 1993 den Sonderpreis zum Deutschen Jugendliteraturpreis.

Friedrich Wilhelm Güll (1812–1879) war Lehrer und Dichter aus Bayern. Seine zahlreichen Kinderlieder und -gedichte sind geprägt von Witz und Frohsinn, hinter denen das pädagogische Ansinnen verborgen liegt.

Peter Hacks (1928–2003) war einer der bedeutendsten Dramatiker, Lyriker, Erzähler und Essayisten der DDR. Seine Werke zeichnen sich durch eine große Leichtigkeit, Humor und hohes Stilbewusstsein aus.

Hans Adolf Halbey (1922–2003) war Schriftsteller, Buchkundler und Museumsdirektor. Neben seinen wissenschaftlichen Veröffentlichungen, mit denen er sich einen Namen machte, schrieb er Kindergedichte und Bilderbuchtexte.

Peter Härtling (geboren 1933) ist ein deutscher Autor. Zudem war er als Journalist tätig. Seit 1974 ist er freier Schriftsteller. Zu seinem Werk zählen Gedichte, Romane wie *Der Stillstand* und *Schumanns Schatten* sowie Erzählungen und Kinderbücher. 2003 erhielt Härtling den Deutschen Bücherpreis.

Manfred Hausmann (1898–1986) war ein deutscher Schriftsteller. Sein dichterisches Schaffen beinhaltet Lyrik, Romane, Bühnenwerke, Essays und Nachdichtungen griechischer, japanischer und chinesischer Gedichte. Zu seinen bekanntesten Romanen zählt *Abel mit der Mundharmonika*.

Johann Peter Hebel (1760–1826) war ein deutscher Schriftsteller, Theologe und Pädagoge. Er verfasste den Gedichtband *Alemannische Gedichte* und erlangte durch sie Berühmtheit als alemannischer Mundartdichter. Zudem schrieb er die *Kalendergeschichten: Schatzkästlein des rheinischen Hausfreundes*.

Ernst Heimeran (1902–1955) war ein deutscher Schriftsteller und Verleger. Sein Werk beinhaltet unter anderem heitere Erzählungen und geistreiche Essays, wie zum Beispiel *Das stillvergnügte Streichquartett*. 1922 gründete er in München den Ernst Heimeran Verlag.

Heinrich Heine, eigentlich Christian Johann Heinrich Heine (1797–1856), war ein deutscher Schriftsteller und Journalist. Zu seinen bekanntesten Werken zählen *Deutschland. Ein Wintermärchen* sowie der Gedichtzyklus *Buch der Lieder*.

Wilhelm Hey (1789–1854) war ein deutscher Pädagoge und Theologe. Er verfasste Fabeln und populäre Kirchen- und Kinderlieder, unter anderem *Alle Jahre wieder* und *Weißt du, wie viel Sternlein stehen*.

Heinrich Hoffmann (1809–1894) war Psychiater, Lyriker und Kinderbuchautor. Er wurde insbesondere durch den *Struwwelpeter* bekannt, dessen Bilder er auch gestaltete. Viele seiner Texte veröffentlichte Hoffmann unter den Pseudonymen Heulalius von Heulenburg, Reimerich Kinderlieb, Peter Struwwel und Polycarpus Gastfenger.

Arno Holz (1863–1929) gilt als Pionier des deutschen Naturalismus und Vertreter einer engagierten, sozialkritischen Dichtung. Sein Hauptwerk ist der Gedichtband *Phantasus*. Er selbst sah sich als Großstadtdichter und blieb sein ganzes Schriftstellerleben in Berlin.

Hanna Johansen (geboren 1939 in Bremen) lebt seit 1970 bei Zürich, veröffentlicht seit 1978 Romane und Erzählungen und seit 1983 auch Bücher für Kinder.

Erich Kästner (1899–1974) wurde besonders durch seine humorvollen und feinsinnigen Kinderbücher populär, wie zum Beispiel *Das doppelte Lottchen, Emil und die Detektive* und *Die Konferenz der Tiere*. Darüber hinaus schrieb er Drehbücher, Texte fürs Kabarett sowie zahlreiche Gedichte. Viele seiner Werke wurden verfilmt.

Gottfried Keller (1819–1890) war ein schweizerischer Schriftsteller und Politiker. Bekannt wurde er durch seine Novellen sowie den Bildungsroman *Der grüne Heinrich*. Kennzeichnend für sein Werk ist die überspitzte Darstellung des bürgerlichen Alltags, so zum Beispiel in der Erzählung *Kleider machen Leute*.

August Kopisch (1799–1853) war ein deutscher Maler und Dichter. Er gilt als der Entdecker der »Blauen Grotte« auf Capri. Neben der Malerei schrieb er Gedichte und Novellen.

James Krüss (1926–1997) erlangte besonders durch seine Kinder- und Jugendbücher wie *Mein Urgroßvater und ich* und *Timm Thaler* große Bekanntheit. Auch seine *ABC-Gedichte* mit gewitzten Reimen sind noch heute sehr beliebt.

Franz Theodor Kugler (1808–1858) war ein deutscher Kunsthistoriker und Schriftsteller. Er verfasste das *Skizzenbuch*, in dem auch das heute bekannte Lied *An der Saale hellem Strande* enthalten ist. Große Wirkung erzielte seine *Geschichte Friedrichs des Großen*.

Günter Kunert (geboren 1929) ist ein deutscher Schriftsteller. Sein Werk zeugt von großer Vielseitigkeit. Neben lyrischen Texten, Erzählungen, Märchen und Kinderbüchern verfasst er auch Essays, Fotosatiren, Reisejournale sowie Schau- und Hörspiele.

Detlev von Liliencron, eigentlich Friedrich Adolf Axel Freiherr von Liliencron (1844–1909), war Lyriker, Prosa- und Bühnenautor. Seine Lyrik beeinflusste unter anderem den jungen Rainer Maria Rilke und Hugo von Hofmannsthal.

Erich Lüth (1902–1989) war ein deutscher Publizist. Nach seinem Volontariat in der Hamburger Redaktion des Ullstein Verlags in Berlin arbeitete er als Redakteur beim Hamburger Anzeiger. Des Weiteren war er Direktor der Staatlichen Pressestelle Hamburg.

Hans Manz (geboren 1931) ist ein schweizerischer Übersetzer und Kinderbuchautor. Lange Zeit arbeitete er als Lehrer, gab diesen Beruf aber 1987 auf und ist seitdem als freier Schriftsteller tätig. Zu seinem Werk gehören Sprachspielbücher, Erzählungen, Märchen, Kindergedichte und Romane.

Conrad Ferdinand Meyer (1825–1898) war ein schweizerischer Schriftsteller des Realismus. Sein Werk umfasst vor allem historische Novellen, Romane und Gedichte. Mit Gottfried Keller und Jeremias Gotthelf zählt er zu den berühmtesten deutschsprachigen Dichtern der Schweiz des 19. Jahrhunderts.

Christian Morgenstern (1871–1914) wurde besonders durch seine Lyrik bekannt, die sich durch ihre Mischung aus Komik und Tiefsinn auszeichnet, so zum Beispiel die *Galgenlieder*. Viele seiner Gedichte wurden vertont, unter anderem von Paul Hindemith und Friedrich Gulda.

Eduard Mörike (1804–1875) war ein deutscher Dichter, Erzähler, Übersetzer und evangelischer Pfarrer. Zu seinem Werk zählen spätromantische, volksliedhafte Gedichte, Märchen sowie unter anderem der Künstlerroman *Maler Nolten*.

Wilhelm Müller (1794–1827) war ein deutscher Dichter. Seine Gedichte wurden im 19. Jahrhundert oft vertont und erlangten dadurch Volksliedcharakter, wie zum Beispiel die Gedichte *Die schöne Müllerin* und *Winterreise*, zu denen Franz Schubert die Melodien komponierte.

Börries Freiherr von Münchhausen (1874–1945) war ein deutscher Schriftsteller und Lyriker. Während seines Studiums der Rechts- und Staatswissenschaften in verschiedenen Städten begann er Balladen und Gedichte zu schreiben. 1906 veröffentlichte er einen Band mit dem Titel *Balladen*.

Robert Reinick (1805–1852) war ein deutscher Maler und Dichter. Ab 1825 studierte er an der Kunstakademie in Berlin. Er schloss Bekanntschaft unter anderem mit Franz Kugler, Adelbert von Chamisso und Joseph von Eichendorff. Seit dieser Zeit begann er sich neben der Malerei auch der Dichtung zuzuwenden.

Rainer Maria Rilke (1875–1926) war ein bedeutender österreichischer Lyriker. Beeinflusst wurde sein Werk durch die Philosophen Nietzsche und Schopenhauer. Zu seinen berühmtesten Gedichten zählt *Der Panther*.

Joachim Ringelnatz, eigentlich Hans Gustav Bötticher (1883–1934), war Schriftsteller, Kabarettist und Maler. Er wurde besonders durch humoristische Gedichte um die Kunstfigur *Kuttel Daddeldu* bekannt. Neben Gedichten schrieb er Kinderbücher, Dramen, Prosa und Texte für das Kabarett.

Frida Schanz (1859–1944) war Lehrerin, Herausgeberin und Schriftstellerin. Zu ihrem Werk zählen Kinderliteratur, Erzählungen, Märchen, Novellen, Gedichte und Lebenserinnerungen.

Joseph Victor von Scheffel (1826–1886) war ein deutscher Schriftsteller und Dichter. Sein Werk *Gaudeamus* enthält humoristische Lieder und Balladen, die aufgrund ihres schelmischen Tons sehr beliebt waren.

Friedrich Schiller (1759–1805) war Dichter, Philosoph und Historiker. Er gilt als einer der bedeutendsten Dramatiker Deutschlands. Mit seinen Werken *Die Räuber*, der *Wallenstein-Trilogie* und *Wilhelm Tell* zählt er neben Goethe, Herder und Wieland zu den Hauptvertretern der Weimarer Klassik.

Herbert Schmidt-Kaspar (1929–2008) arbeitete nach seinem Deutsch-, Geschichts- und Englischstudium als Lehrer. Seit 1958 veröffentlichte er Romane, Erzählungen und Lyrik.

Karl Ludwig Schneider (1919–1981) war ein deutscher Schriftsteller. Er arbeitete als Philologie- und Germanistikprofessor an der Universität Hamburg. Bekanntheit erlangte er durch die Herausgabe eines Bandes mit sämtlichen Dichtungen und Schriften von Georg Heym.

August Schnezler (1809–1853) war ein deutscher Dichter, Redakteur und Sammler von Sagen. Nach seinem Studium der Philosophie, Geschichte und Naturwissenschaften arbeitete er zunächst als Postbeamter und begann dann literarisch tätig zu werden, unter anderem mit Gedichten, Lustspielen und Novellen. Darüber hinaus gab er die Sammlung *Badisches Sagen-Buch* heraus.

Kurt Schwitters (1887–1948) war Künstler und Dichter des Dadaismus, Surrealismus und Konstruktivismus. Er erlangte vor allem durch seine Gedichte *An Anna Blume* und *Sonate in Urlauten* (oder *Ursonate*) Bekanntheit.

Heinrich Seidel (1842–1906) war eigentlich Ingenieur, lebte jedoch seit 1880 als freier Schriftsteller und verfasste zahlreiche Erzählungen über die idyllischen und glücklichen Seiten des Lebens. Mit seinem Werk *Leberecht Hühnchen* gelang ihm der literarische Durchbruch.

Karl Simrock (1802–1876) war ein deutscher Germanist und Schriftsteller. Er übertrug unter anderem das *Nibelungenlied* und *Kudrun* ins Neuhochdeutsche. Darüber hinaus veröffentlichte er Lyrik und Balladen. Des Weiteren war er der Herausgeber von *Die deutschen Volksbücher*.

Carl Spitteler (1845–1924) war ein schweizerischer Dichter. Zu seinem Werk zählen unter anderem Versepen, wie zum Beispiel *Olympischer Frühling*, Lyrik, Erzählungen und Essays. 1920 wurde ihm der Nobelpreis für Literatur verliehen.

Jürgen Spohn (1934–1992) war ein deutscher Kinderbuchautor und -illustrator. Außerdem war er Professor für Grafikdesign an der Berliner Hochschule der Künste. Seine Bücher sind geprägt vom Spiel zwischen Sprache und Bild. Für sein Werk erhielt er mehrere Preise, darunter 1981 den Deutschen Jugendliteraturpreis.

Theodor Storm (1817–1888) war Lyriker und Schriftsteller des deutschen Realismus. Er wurde vor allem durch seine Novellen bekannt, wobei *Der Schimmelreiter* noch heute besonders häufig gelesen wird. Seine Werke zeichnen sich durch eine unverwechselbar norddeutsche Prägung aus.

Ludwig Uhland (1787–1862) war Politiker, Jurist, Literaturwissenschaftler und Dichter. Der Stil seiner Gedichte ist häufig schlicht, unpathetisch und an Volkslieder angelehnt. Im 19. Jahrhundert galt Uhland als Volksdichter, dessen Gedichtbände in jeden gut sortierten Haushalt gehörten.

Johann Nepomuk Vogl (1802–1866) war ein österreichischer Schriftsteller und Lyriker. Zu seinem Werk zählen Gedichte, Balladen, Dramen, Novellen und Essays. Viele seiner Balladen fallen in die Zeit der Wiener Spätromantik und wurden vertont, unter anderem von Franz Schubert.

Robert Walser (1878–1956) war ein schweizerischer Schriftsteller. Seine Werke sind geprägt von zarter Melancholie. Zeitgenössische Schriftstellerkollegen wie Hermann Hesse, Franz Kafka oder Robert Musil bewunderten die große Kunst seiner kleinen Prosastücke und feuilletonistischen Skizzen.

Josef Weinheber (1892–1945) war ein österreichischer Schriftsteller. In seinem dichterischen Werk fanden die unterschiedlichsten Gedichtformen seit der Antike Verwendung. Des Weiteren übersetzte er Texte aus dem Altgriechischen und Lateinischen in die deutsche Sprache.

Frantz Wittkamp (geboren 1943) studierte Biologie und Kunsterziehung. Er arbeitet als freischaffender Grafiker, Autor und Maler. Bekannt wurde er vor allem mit seinen Kindergedichten.

Alois Wohlmuth (1849–1930) war Schauspieler und Schriftsteller. Schon in der Kindheit galt sein Interesse dem Theater. Lange Zeit reiste er mit kleineren Gruppen von Wanderschauspielern, bis er schließlich auf größeren Bühnen auftrat und erfolgreich wurde.

Richard Zoozmann (1863–1934) war ein deutscher Autor. Er verfasste zahlreiche lyrische, epische und dramatische Werke und war darüber hinaus als Übersetzer tätig.

Eine Auswahl unserer Tulipan-Hausbüch

»Hausbücher sind ein Schatz für die ganze Familie. Und bieten sich nicht nur für ›Mir ist sooo langweilig‹-Momente rund ums Jahr an. Witzig, informativ, kreativ und sehr schön gestaltet! Für alle Altersgruppen.«
Stiftung Lesen

ISBN 978-3-86429-188-3

»Wirklich gelungene, vielfältige und sehr stimmig illustrierte Auswahl klassischer und neuer Kinder- und Volkslieder.«
Stiftung Lesen

ISBN 978-3-939944-63-8

»Eva Muggenthalers surreale Bilder machen die Grenzbereiche zwischen kindlicher Fantasie und Realität auf bewundernswerte Weise sichtbar.«
DIE ZEIT

ISBN 978-3-86429-116-6

m Wünschen und Verschenken!

»SaBine Büchners Illustrationen
sind originell, ausdrucksstark
und sympathisch.«
Kinderbuch-Couch-de

ISBN 978-3-86429-202-6

»Almud Kunert zeichnet traumschön
und humorvoll.«
WDR

ISBN 978-3-86429-157-9

»Gräfin Schönfeldt zieht mutig zu Felde
gegen Verlust an Weltwissen und Bildung.«
DIE ZEIT

ISBN 978-3-86429-201-9

Sybil Gräfin Schönfeldt, geboren 1927, ist promovierte Germanistin und Kunsthistorikerin und arbeitete lange als Redakteurin und freie Journalistin, u. a. für DIE ZEIT, den Stern, für Rundfunk und Fernsehen. Sie schreibt und übersetzt zahlreiche Bücher für Kinder und Erwachsene und wurde u. a. mit dem Deutschen Jugendliteraturpreis und dem Europäischen Jugendbuchpreis ausgezeichnet. Sybil Gräfin Schönfeldt lebt in Hamburg.

Willi Glasauer wurde 1938 geboren und ist als freier Künstler für verschiedene deutsche und französische Verlage und Zeitschriften tätig. Er lebt mit seiner Frau zeitweise in den Pyrenäen und in Berlin und freut sich über jedes neue Buch, das er illustrieren darf. Mehr auf www.williglasauer.de

Lyrische Texte folgen in der Regel der Rechtschreibung,
die Autoren und Autorinnen festlegen. Es finden sich
also in dieser Sammlung alle Formen der Rechtschreibung:
die neue, die bisherige sowie etliche Sonderformen wie
Kleinschreibung bzw. veränderte Zeichensetzung.

Tulipan-Newsletter
Tolle Lesetipps kostenlos per E-Mail!
www.tulipan-verlag.de

© Tulipan Verlag GmbH, München 2015
Alle Rechte vorbehalten
1. Auflage 2015
Herausgeberin: Sybil Gräfin Schönfeldt
Bilder: Willi Glasauer
Gestaltung, Satz und Layout: www.anettebeckmann.de
Druckvorstufe: bildpunkt GmbH, Berlin
Druck: Grafisches Centrum Cuno GmbH & Co. KG, Calbe
Gedruckt auf Papier aus nachhaltiger Forstwirtschaft
ISBN 978-3-86429-220-0